イラストでよくわかる

敬語の使い方

ミニマル + BLOCKBUSTER
監修：磯部らん

彩図社

はじめに

「こちら、おしぼりのほう、おつけさせていただきますか？」
このフレーズを見て違和感を覚える人もいれば、すんなり受け入れてしまう人もいるでしょう。
これはいわゆる「バイト敬語」と呼ばれる正しいとは言いがたい表現。
「おしぼりをおつけしますか？」程度でも実は敬語として十分に成立しています。
丁寧な表現だけに、ついつい言葉を上塗りしたくなりますが、スマートな敬語って意外にシンプルなのです。

人と人との関係が希薄になっていると言われる昨今、会社の先輩がいちいち口うるさく敬語表現について注意をしてくれる機会もなかなかありません。「これって正しいのかな？」と自信が持てないまま、取引先の偉い人と話したり、営業の電話をしたりしている人も多いはずです。
そこで本書では、基本となる「尊敬語」「謙譲語」「丁寧語」の解説から、好感度が上がる表現、会話のコツ、時候のあいさつまで、敬語の幅広いエッセンスをビジネスの具体的なシチュエーションに合わせた豊富な例文と一緒に紹介してみました。
制作の過程で、監修者であるマナー講師の磯部らんさんと議論を重ねながら、ふと考えたのは

「そもそも敬語とは何なのか?」ということ。「敬語」とは、人を敬う言葉。つまり、仕事やプライベートで知り合った人たちと気持ちのいい関係をつくるためには、どのような表現を用いるべきか悩み、考える「行為そのもの」なのではないかと思います。

そして、もうひとつ。敬語には、自分自身、および自分が属する組織の品位を保つという重要な意味合いもあります。インターネットで調べた根拠があいまいな敬語表現を自信なさそうに使っていたのでは、相手に信頼してもらうことは難しいのは言うまでもありません。

まずは、基本となる敬語表現をしっかり覚えて、自分の言葉として使ってみることから始めてみましょう。

「正しい」という根拠のある言葉には、自信がみなぎり、「伝える力」が自然に強まります。それは相手の心を動かすことにもつながるでしょう。

本書では、学術的に「正しい」とされる敬語表現をベースに、現代のビジネスシーンで〝使える〟表現も交えながら、できるだけ多くの例文を集めてみました。

いつも使っているフレーズも少しの〝気づき〟と〝工夫〟で、驚くほど「説得力」を増します。みなさんにも「敬語でコミュニケーションが変わる瞬間」を、ぜひ味わっていただきたいと思います。

「イラストでよくわかる　敬語の使い方」制作班代表　丸茂アンテナ（ミニマル）

イラストでよくわかる

敬語の使い方　もくじ

御祝

■ 本書に登場する人たち

湯鳥カヨ（ゆとりかよ）
天然系キャピキャピＯＬ

片杉真実（かたすぎまみ）
まじめすぎて空回り

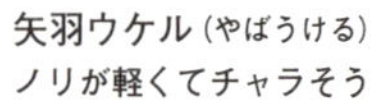

矢羽ウケル（やばうける）
ノリが軽くてチャラそう

間地スナオ（まじすなお）
ど新人で右も左もわからない

本文イラスト：後藤亮平（BLOCKBUSTER）

【イントロダクション】

敬語のキホンをマスターしよう

自分でも気づかないうちに、間違った敬語を使っているかも!? よくある敬語の間違いを確認しつつ、敬語のキホンである「尊敬語」「謙譲語」「丁寧語」をマスターしましょう。

尊敬語を覚える

尊敬語は、目上の人や社外の人の行為について話すときに使います。「いらっしゃる」、「おいでになる」、「お越しになる」、「召し上がる」、「ご覧になる」、「お聞きになる」などの表現があります。

語尾のパターンを覚える

尊敬語の語尾のパターンは、基本的には以下の７つ。単語に「お」や「ご」をプラスした美化語とセットにして使うものもあります。

■ 尊敬語の語尾の基本パターン

1「〜れる、〜られる」
・課長が作成されたものですか？
・ゴルフを始められたそうですね

なるほど〜

2「〜いらっしゃる」
・橋本さんはいらっしゃいますか？
・お元気でいらっしゃいますか？

3「〜てくださる」
・教えてくださる　・おっしゃってください

4「お／ご〜になる」
・お越しになります　・ご参加になるそうです

5「お／ご〜になれる」
・お使いになれます　・ご乗車になれます

6「お／ご〜なさる」
・Webからお申し込みなさいました　・部長にご就任なさいます

7「お／ご〜くださる」
・お待ちくださいますか　・ご教示くださり感謝いたします

・「れる／られる」の使いすぎに注意！

「れる／られる」や、「お／ご〜になる」という尊敬語は二重敬語になりがちなので注意しましょう。

× お話しになられる→○お話しになる
× お聞きになられる→○お聞きになる
× お会いになられる→○お会いになる
× いらっしゃられる→○いらっしゃる

お帰りになられるとおっしゃられておられました ×
はあ？

動詞を尊敬語に置き換える

尊敬語には基本パターンのほかにも、以下のような特別な言い回しもあります。

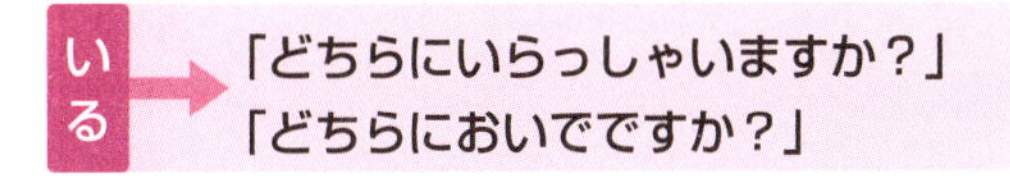

いる→「どちらにいらっしゃいますか？」
「どちらにおいでですか？」

行く→「どちらにいらっしゃいますか？」
「どちらへおいでになりますか？」
「明日は会社へお越しですか？」

来る→「本日いらっしゃいますか？」
「こちらにおいで願えますか？」
「何時頃お越しでしょうか？」

■そのほかの動詞の活用例

食べる→召し上がる　話す・言う→おっしゃる
見る→ご覧になる　着る→お召しになる

■ 敬語のルール

敬語には、自分や自分側の人物は立てないという規則があります。社内では上司に尊敬語を使いますが、社外で自社の社員について話すときは謙譲語を用います。

イントロダクション その②

謙譲語を覚える

謙譲語は、自分がへりくだって他人を立てる表現です。「拝見する」、「伺う」、「いただく」、「頂戴する」、「申し上げる」、「ご連絡する」、「参る」などの表現があります。

謙譲語は２種類ある

謙譲語には「謙譲語Ⅰ」と、「謙譲語Ⅱ（丁重語）」の２つの種類があり、対象によって使い分ける必要があります。

■ 謙譲語の２つの種類

① 謙譲語Ⅰ

「謙譲語Ⅰ」は、「自分の行為の対象や話題の中の人物などを立てる」もの。「伺う」「申し上げる」などがあります。

② 謙譲語Ⅱ（丁重語）

「謙譲語Ⅱ」は、自分の行為などを丁重に述べて「不特定多数の聞き手を立てる」もの。「参る」「申す」などがあります。

■「行く」を例に見てみよう

「行く」の謙譲語には、「伺う」と「参る」の2種類があります。
どのように使い分けたらいいのでしょうか？

【例　題】

①「いまから実家に伺います」
②「いまから実家に参ります」

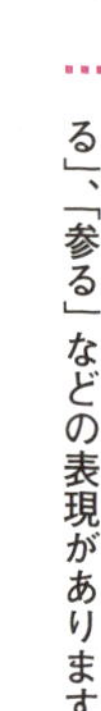

①の「伺う」は「行為の対象」を立てる「謙譲語Ⅰ」。「御社に伺う」などの場合は使えますが、例文での対象は「自分の実家」ですので不適当です。
②の「参る」は、「自分の行為を丁重に述べて、聞き手」を立てる「謙譲語Ⅱ」。目上の人に話す場合は、こちらが正解です。

謙譲語Ⅰの例

伺う、申し上げる、お目にかかる、お届けする、ご案内する…など

謙譲語Ⅱ（丁重語）の例

参る、申す、いたす、存じる、弊社…など

ポイント
「会社にいます」よりも丁重語の「会社におります」の方が改まった言い回しになります。より丁寧な表現が丁重語と覚えましょう。

よく使う敬語フレーズ

日常生活でよく使う動詞の活用を載せました。
尊敬語と謙譲語は混同しやすいのでチェックしておきましょう。

基本形	尊敬語	謙譲語
いる	いらっしゃる／おいでになる	おる／おります
する	される／なさる	いたす／いたします
言う	おっしゃる／言われる	申し上げる／申す
思う	思し召す／お思いになる	存ずる
聞く	聞かれる／お聞きになる	拝聴する／伺う
行く	いらっしゃる 行かれる／おいでになる	参る／伺う／参上する お伺いする
来る	おいでになる／お越しになる お見えになる	参る／伺う
帰る	お帰りになる	失礼する／おいとまする
知る	ご存じ	存じ上げる（人に対して） 存じる
読む	お読みになる 読まれる	拝読する
食べる	召し上がる	いただく／頂戴する
あげる	賜る／くださる	差し上げる
会う	お会いになる／会われる	お目にかかる／お会いする
見る	ご覧になる／見られる	拝見する
見せる	お示しになる／お見せになる	ご覧に入れる／お目にかける お見せする
着る	お召しになる	着させていただく

尊敬語の主語は「目上」、自分がへりくだる謙譲語の主語は「身内」と覚えておきましょう。

イントロダクションその③

丁寧語・美化語

語尾に「です」「ます」をつける丁寧語や上品な言い方である美化語も敬語表現のひとつ。尊敬語や謙譲語を使うときにセットで使用しないと不自然になるので、おさらいしておきましょう。

丁寧語のキホン

丁寧語は、自分の行為を丁寧に述べる表現。「です」「ます」「ございます」などが丁寧語です。相手との関係に関わらず、敬う表現です。

■連休の予定を聞くとき

✖ 連休はどこかへ？

good! **連休はどちらかへお出かけですか？**

ポイント 疑問形の丁寧語は「〜ですか」が基本。「どこか」ではなく「どちらか」と組み合わせて行き先をたずねましょう。

■同行したいとき

✖ ご一緒してもいいですか？

good! **ご一緒してもよろしいですか？**

ポイント 間違いではありませんが、「よろしいですか」のほうがより丁寧。「お供させてください」もよく使います。

■知らない人のことをたずねるとき

✖ あの人、誰？

good! **あちらはどなた様でしょうか？**

ポイント 相手に直接聞くときは「失礼ですが、お名前をお伺いしてもよろしいですか？」と聞きましょう。

敬語にもある尊敬の度合い

敬意には以下の４段階の度合いがあります。

【度合い①】「どこへ行くのですか」の「です」は丁寧語。

【度合い②】「どちらへ行かれますか」「行かれる」は「行く」の尊敬語。「どちら」は「どこ」の改まった言葉。

【度合い③】「どちらへおいでになるのですか」「おいでになる」は「行く」の尊敬語、②より丁寧さが高い表現。

【度合い④】「どちらへいらっしゃるのですか」「いらっしゃる」は「行く」の尊敬語で最も敬意・丁寧さが高い表現です。

美化語のキホン

美化語の代表的なものは、「お金」「ご質問」「お仕事」など。
話し手の表現の上品さを高めるために用いられます。

■「お」と「ご」の法則

美化語には「お金」のように「お」をつけるものと、「ご質問」のように「ご」をつけるものがありますが、どちらをつけるかは元の単語で変わります。

・「お」をつける言葉

「訓読みをする単語（和語）」には「お」をつけます。

【例】 お金、お勘定、お釣り、お手紙、お酒、お庭、お年寄りなど。

・「ご」をつける言葉

「音読みをする単語（漢語）」には「ご」をつけます。

【例】 ご祝儀、ご挨拶、ご相談、ご連絡、ご伝言など。

■ ここに注意！

電話や化粧、料理、勉強は「漢語」ですが、「ご」ではなく「お」をつけるのが決まり。また、コーヒーやジュース、ケーキなどの外来語や、手帳や時計、書類、家事、事件などのように、「お」や「ご」をつけない言葉もあります。

■ 尊敬語として「お」や「ご」をつける場合

「尊敬語」には、相手の事柄に敬意を表して「お」や「ご」をつける表現があります。

・「お」をつける言葉

お招き、お見送り、お忙しい、お美しい、お詳しい、お返事、お荷物、お車、お帽子、お嬢様、お坊ちゃま、お母様、お姉様など。

・「ご」をつける言葉

ご招待、ご来店、ご旅行、ご発展、ご愛顧、ご高齢、ご高名、ご自宅、ご著書、ご健康、ご家族、ご両親、ご子息、ご兄弟、ご先祖など。

■ 美化語への言い換え

あまり品のよくない言葉は、別の表現に言い換えます。

・美化語への言い換えの例

うまい→おいしい／めし→ごはん／食う→食べる／腹→おなか／便所→お手洗い・お化粧室など

イントロダクション その④

呼称・敬称を覚える

相手の呼び方を間違えると、場合によってはかなり失礼になってしまうことも。敬称・呼称を使いこなすのは、ビジネスの基本。ここでしっかり覚えておきましょう。

自称・他称の使い分け

単語の意味は同じでも、自分のことを話すときと、相手側のものを言うときでは敬語の使い方が異なります。呼び分けましょう。

	自分のこと	相手側のこと
呼　称	わたくし	○○様
社　員	上司・社員・担当者	上司の方・○○様・ご担当者様
同行者	同行の者	お連れ様・ご同行の方
会　社	弊社・私ども・手前ども	御社・貴社
考　え	私見・考え	ご意見・ご意向・お考え
配　慮	配慮	ご配慮・ご尽力
自　宅	拙宅（せったく）・小宅（しょうたく）	お住まい・ご自宅

社内・社外での敬語の使い分け

役職の呼称は、社内と社外で変わります。混乱しないように注意。

■社内で呼ぶとき

✖ 山田課長さん

山田課長

ポイント　社内で自社の役職者を呼ぶときは「さん」はつけず、名前のあとに役職名を。

■社外の人に対して

✖ 弊社の山田課長は～

弊社の山田は～

ポイント　社外で自社の役職者の名前を言うときは役職名をつけません。

■社外の役職者に対して

✖ 御社の田中部長様は～

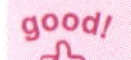
御社の部長の田中様は～

ポイント　社外の役職者の名前を呼ぶときは「部長の○○様」と、役職名を前に出して呼ぶと丁寧な印象になります。

場所などに対する敬称

敬称は場所やものなどにもあります。改まった言い方も覚えておきましょう。

普段の言葉	敬　　称
名　前	お名前、ご芳名(ほうめい)
学　校	御校(おんこう)、貴校(きこう)、貴学(きがく)
銀　行	御行(おんこう)、貴行(きこう)
さっき	さきほど
あとで	のちほど
すぐに	さっそく
いくら	いかほど
今から	ただいまより
前　に	以前
もうすぐ	まもなく

人に対する敬称

敬称はその人だけでなく、家族や親族にもあります。押さえておきましょう。

普段の言葉	敬　　称
両親	ご両親　ご両親様
夫	ご主人　ご主人様
妻	奥様
息子	ご子息(しそく)
娘	お嬢様
兄	お兄様(にいさま)
親戚	ご親戚、ご親族
父	お父様(とうさま)
母	お母様(かあさま)

イントロダクション その⑤

間違いやすい敬語

知らずに失礼な表現を使っていないか確認しましょう。間違いやすい敬語には、「やりすぎ敬語」「敬う相手に謙譲語」「身内やモノに尊敬語」「バイトマニュアル敬語」「若者ことば」などがあります。

やりすぎ敬語に注意！

ひとつの言葉に対して敬語を重ねる「やりすぎ敬語」。丁寧に言おうとして裏目に出ては本末転倒。シンプルな言葉を使いましょう。

■自分が出向くとき

✖ 伺わせていただきます

good! 伺います

ポイント 「伺う」は「行く」の敬語なので、「いただきます」をつけるのはやりすぎ。敬語に敬語を重ねてしまう「二重敬語」です。

■先方のことを伝えるとき

✖ 先方がお喜びになっておられました

good! 先方は喜んでいらっしゃいました

ポイント 「お」や「ご」をつけすぎると聞き苦しくなる場合もあります。「敬語は文のおしりに」を意識しましょう。

■相手に見るかどうか聞くとき

✖ ご覧になられますか？

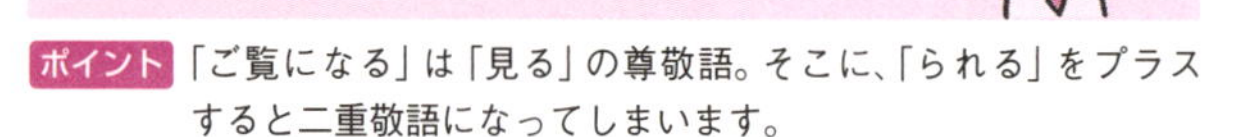

good! ご覧になりますか？

ポイント 「ご覧になる」は「見る」の尊敬語。そこに、「られる」をプラスすると二重敬語になってしまいます。

■ その他の代表的な「二重敬語」

思わず使ってしまいがちな以下の表現も二重敬語です。

× おっしゃられる→○おっしゃる

× お越しになられる→○お越しになる

× ご利用になられる→○ご利用になる

× お帰りになられる→○お帰りになる

× お戻りになられる→○お戻りになる

× おいでになられる→○おいでになる

敬う相手に謙譲語？

自分の動作をへりくだる「謙譲語」を、敬うべき相手に使ってしまう間違いです。特に、社外の人にこの誤用を使うとかなり失礼にあたるので気をつけましょう。

■来客が待っていることを上司に伝えるとき

✕ お客様がお待ちになっております

good! お客様がお待ちになっていらっしゃいます

ポイント 「おります」は自分の行為についての謙譲語。この場合は「お客様」に対しての敬語になるので、「いる」の尊敬語「いらっしゃいます」が正解です。

■資料を見たか聞くとき

拝見→謙譲語
ご覧になる→尊敬語

✕ 資料を拝見なさいましたか？

good! 資料をご覧になりましたか？

ポイント 「拝見する」は「見る」の謙譲語。資料を見るのは相手なので、尊敬語の「ご覧になる」を用いるのが正解です。

■食べてほしいとき

✕ どうぞ、いただいてください

good! どうぞお召し上がりください

ポイント 「いただく」は「食べる」の謙譲語なので、相手に対して使うのは間違い。「お召し上がりください」、もしくは、「召し上がってください」がスマートです。

■取引先の話した内容を報告するとき

✕ 取引先の○○さんが～と申していました

good!
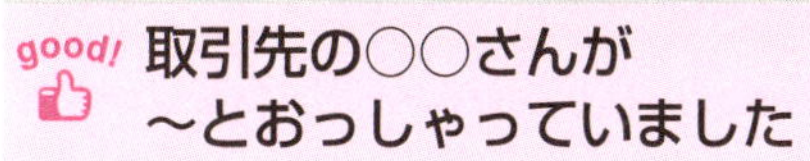
取引先の○○さんが
～とおっしゃっていました

ポイント 「申す」は「言う」の謙譲語。話していたのは自分ではなく、取引先の人なのでこの場合は「言う」の尊敬語の「おっしゃる」を使います。

■ 尊敬語と謙譲語の違い

同じ敬語でも、尊敬語と謙譲語では使い方がまったく異なります。相手を高めて敬意を表すのが尊敬語。自分がへりくだって相手を立てるのが謙譲語と覚えましょう。

身内やモノに尊敬語？

17ページのような、尊敬語を使うべき相手に謙譲語を使ってしまう誤りとは逆に、自分や身内、モノなどに必要のない尊敬語を使用してしまう間違いです。

■社外の人に対して

✖ 弊社の山田部長にお伝えしておきます

good! 弊社の部長の山田に申し伝えます

ポイント たとえ自分より役職が上であっても、社外で部長は「ウチ」にあたる人。「ウチ」の人間に、「お伝えする」と尊敬語を使うのは間違いです。

■社外の人に対して

✖ ただいま上司がいらっしゃいます

good! ただいま上司が参ります

ポイント 同じ「上司」という対象でも、社内と社外では敬語表現が異なります。社外の人の前で、自社の人間に「いらっしゃる」という尊敬語を使うのは間違い。

■タクシーが来たとき

✖ タクシーが到着なさいました

good! タクシーが到着しました

ポイント 「○○さんが到着なさいました」なら相手に対する尊敬語なので正解ですが、タクシーに対して「なさいました」と尊敬語を使うのは誤用です。同様に「庭の花がみごとにお咲きになっていらっしゃいますね」などのように、モノに尊敬語を使うのも間違い。「みごとに咲いていますね」でＯＫ。

普段の話し方のクセが出て、社外の人がいる前で上司を高めてしまわないように注意しましょう。基本は、相手側の行動には尊敬語、自分側のことを言うときには謙譲語を使います。

バイトマニュアル敬語

間違った敬語がマニュアル化されてしまっている企業もありますが、こうした「バイトマニュアル敬語」を丁寧な言い回しと勘違いしないようにしましょう。

■お茶を出すとき

× お茶のほうをお持ちしました

お茶をお持ちしました

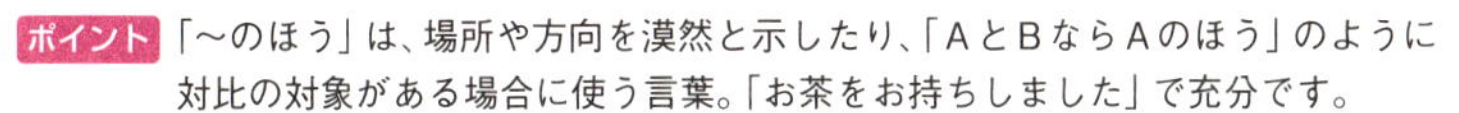

ポイント 「～のほう」は、場所や方向を漠然と示したり、「AとBならAのほう」のように対比の対象がある場合に使う言葉。「お茶をお持ちしました」で充分です。

■正しいか確認するとき

× こちらでよろしかったでしょうか？

こちらでよろしいでしょうか？

ポイント 飲食店などでオーダーを確認するときに「以上でよろしかったでしょうか？」と言う人がいることもあり世間に広まっている誤用です。言葉はシンプルなほうが正確に相手に伝わります。

■商品を紹介するとき

こちらになります

× こちらが新商品になります

こちらが新商品でございます

ポイント かしこまった表現として「～になります」が使用されることがありますが、モノの説明では「ございます」が正解です。

■その他の代表的な「バイトマニュアル敬語」

思わず使ってしまいがちな以下の表現も「バイトマニュアル敬語」です。

× お電話番号をいただけますか？
　→○お電話番号を教えていただけますか？

× お名前をちょうだいしてもよろしいですか？
　→○お名前をお聞かせいただけますか？

× でき次第お送りするというかたちでよろしいですか？
　→○でき次第お送りするということでよろしいですか？

「若者ことば」にも注意

学生時代に口グセのように使っていた言葉のなかには、ビジネスシーンで使うにはふさわしくないものもあります。この機会にしっかり直しましょう。

■ 使われがちな若者ことば

【NGな若者ことば①】

「マジですか!?」

「マジですか」という言葉は年配の人には耳障りな感じのよくない言葉です。「本当ですか」と言い換えましょう。

【NGな若者ことば②】

「わたし的には〜」

「私はこう思うけれど正しいとも限らないのですが」という意味が込められた言葉。あいまいな雰囲気があり、責任回避の印象を与えることも。

【NGな若者ことば③】

「なにげに〜」

「なにげなく」が変化した言葉。本来の「なにげない」は「しかるべき意図や考えがない」という意味です。むやみに使わないようにしましょう。

【NGな若者ことば④】

「やばい」

本来、危険で非常に悪い状況を示すものです。最近は広い意味を持ち、ほめ言葉や信じられないことなどにも使われていますが、何でも「やばい」ではなく他の語彙に置き換えて話したほうが知的な印象です。

【NGな若者ことば⑤】

「っていうか」

話題を変えるときや断定を避けるときなどに使われることば。相手の言葉をやんわりと否定するニュアンスがありますが、幼い印象を与えるので「〜というよりも」のほうが◎。

【NGな若者ことば⑥】

「ウケる」

「おもしろい、笑える」という意味で使われることが多い若者ことば。軽薄でおちゃらけた印象を与えてしまうので、しっかりとした言葉に言い換えたほうが無難です。

【NGな若者ことば⑦】
「逆に」

正反対でない内容が続くのに「逆に言うと」、「逆にどうなんすかね」、「逆にユニークかも」と言う人が増えています。「他の言い方をすれば」などと言い換えましょう。

【NGな若者ことば⑧】
「～みたいな」

「～みたいな感じでお願いします」はつい言ってしまう人もいるかもしれませんが、あいまいな印象を受けるので好ましくありません。「～という」「～というような」などの言い回しに変えましょう。

【NGな若者ことば⑨】
「全然大丈夫」

最近は、言葉の使い方として誤りではないともいわれますが、「全然」のあとには「～ない」という打消しの言葉をつけることが一般的。「全然いい」などもおかしな表現だと思われる可能性があります。

【NGな若者ことば⑩】
「一応」

自信のなさから「一応企画書できました」「一応終わりました」などと言ってしまうことがあるかもしれませんが、これは聞き苦しい前置き言葉です。

「超」「ぶっちゃけ」「テンパる」などの若者言葉もそれぞれ、「本当に」「実は／正直なところ」「動揺した」と言い換えましょう！

知っておきたい！

伝わる会話のコツ

正しい敬語とともに、言葉を効果的に伝えるための話し方、
コミュニケーションを円滑にする聞き方にも気を配ってみましょう。

■ 話すときのポイント

【ポイント1】

話は簡潔に

話は長くなればなるほど、要点がわかりづらくなります。結論を先に言い、あとから理由を説明しましょう。また、「えっとー」「あのー」などの口癖は聞き苦しく感じられます。無意識のうちに癖になっている人も多いので気をつけて！

【ポイント2】

適度なスピードで

話すスピードが速いと論理的な印象、スピードが遅いと落ち着いた印象を聞き手に与えます。聞き取りやすいスピードの基準は、文字数にすると１分間に300文字ほど。緊張すると早口になりがちな人は、話す前に深呼吸を。アナウンサーのようにゆっくり低めの声で話すのが◎。

【ポイント3】

「間」を効果的に使う

最も伝えたいこと、重要なことを発言する前には間を取ります。相手の注意をひいたり、考えさせたりするのに効果的です。メリハリのある話し方を意識しましょう。

■ 声のトーンを意識しよう

声のトーンが高い人は快活な印象を、トーンが低い人は信頼感を与えます。あいさつをするときはトーンを高めたり、相手を説得したい場面ではややトーンを低くするなど、場面に応じて工夫してみましょう。

■聞くときのポイント

【ポイント1】

話の腰を折らない

途中から会話に入るときはまず聞き役に徹します。いきなり「何の話ですか？」などと会話に割り込むと話を中断させて、相手にまた最初から説明させてしまうことになるのでＮＧ！

【ポイント2】

アイコンタクトを取る

話すときもそうですが、聞くときも、ときどき相手とアイコンタクトをとりましょう。そっぽを向いて話を聞くのは相手に失礼です。ただし、ずっと相手の目を凝視しすぎると相手が話しづらく感じてしまうことも。あいづちなどのタイミングで相手の目を見ましょう。

【ポイント3】

うなずき・あいづちをはさむ

うなずきは、小さくゆっくりと。小刻みに何度もうなずくと、相手におざなりな印象をもたれてしまうことも。「そうなんですね」「すごいですね」など、素直に感じたことをあいづちで表現すれば会話もはずみます。

■会話中の表情

【ポイント1】

基本は笑顔で

謝罪しているとき、真剣な議論の最中などでない限り、会話中は笑顔を心がけましょう。口角だけ上げても、目が笑っていないと表面的な笑顔になりがち。目尻を下げるイメージで目を細めます。

【ポイント2】

気まずいシーンこそ笑って

気まずい話題や言いにくい話をするときこそ、笑顔で話しかけましょう。「つい余計な話を言い過ぎた」などうっかりしたときは、口角だけを数ミリ上げてすまし顔をしてやり過ごしましょう。

【知っておきたい！】

慣用句の間違いに注意！

疑いなく正しいと思って使っていたのに、実は間違っていた、という言葉があるかもしれません。見直してみましょう。

間違いやすい慣用句

×采配を振るう
○采配を振る

チームや部署を指揮するという意味。「采配」は戦場で軍勢を率いる際に用いた道具で、「采配を振る」が正解。

×愛想をふりまく
○愛嬌をふりまく

ふりまくのは愛想ではなく、「愛嬌」。「愛想」を使う場合は、「愛想がいい」と表現しましょう。

×合いの手を打つ
○合いの手を入れる

話や舞台の進行に応じて手拍子などを挟むこと。人の話に同意する「あいづちを打つ」との混同に注意。

×寸暇（すんか）を惜しまず
○骨身を惜しまず

誤用例の言い方なら、「寸暇を惜しんで」が正解。「寸暇を惜しまず」だと、「ひまを惜しまない」という逆の意味になってしまいます。

×舌づつみを打つ
○舌つづみを打つ

「美食に舌づつみ」というように一般的に用いられていますが、伝統的な言い方はふたつ目の「つ」に濁点がつく「舌つづみを打つ」。

×間が持たない
○間が持てない

時間をもてあました、会話などをうまくつなぐことができないという意味。誤用である「間が持たない」を使いがちなので注意！

×足元をすくわれる
○足をすくわれる

「すきを突かれて失敗させられる」の意味。「相手の弱みにつけこむ」という慣用表現の「足元を見る」と混同しやすいので注意。

×念頭に入れる
○念頭に置く

「念頭に置く」は、「常に心にかける、忘れないでいる」という意味。上の誤用例は、「記憶に留める」という意味の「頭に入れる」の誤用。

■ 意味を間違えやすい慣用表現

「気の置けない」

一緒に居て遠慮がいらない、気を使わなくていいという意味ですが、「気を許せない」人という意味での誤用が多いので注意。

「敷居が高い」

不義理をしていてその人に合わせる顔がないという意味。「高級な店は敷居が高い」など格が高くて入りにくいの意味ではないので注意。

【第1章】

ビジネス・社内での敬語

社内で使う敬語表現をシチュエーション別に見てみましょう。社内のコミュニケーションが円滑であれば、仕事はスムーズに進みます。正しい敬語で良好な社内環境を築きましょう。

ビジネス
社内での
敬語①

あいさつをする

あいさつは、人間関係がはじまる合図。だからこそ、とても重要です。表現しだいで、相手によい印象を与えもするし、悪い印象を与えるおそれもあります。正しいあいさつをおさらいしましょう。

こんな例はNG！

新入社員：今日から配属になりました田中です！
湯鳥：あら、イケメンね、よろしく～！

初対面のときの正しい表現

good!

はじめまして、湯鳥です
よろしくお願いします

ポイント たとえ同僚や部下であっても、友達感覚は禁物。来客が見ている可能性もあります。どんなときでもビジネスシーンであることを忘れずに。目上の人には「○○と申します」とより丁寧にあいさつをしましょう。

人間関係においては第一印象が大切。しっかりとはっきりと、にこやかにあいさつをしましょう。

あいさつ そのほかの表現

あいさつをするときは、相手の目を見て自然な笑顔が基本です。
ぼそぼそとしゃべるのではなく、適切なボリュームで話しましょう。

■体調の悪い上司に対して

✕ 先輩、お大事にしてください～！

good! どうぞお大事になさってください

ポイント 「お大事にする」ではなく、目上の人には尊敬語の「なさる」を加えましょう。ちなみに、自分が大事をとるときは「とらせていただきます」と言います。

■退職する上司に対して

✕ ご苦労さまでした

good! たいへんお世話になりました

ポイント 「ご苦労さま」は、立場が上の人が目下の人へ向けたねぎらいの言葉。上司には「お世話になりました」が正解。上司が退勤する際は、「お疲れさまでした」を。

■上司に、元気か聞かれたとき

✕ 元気です！

good! おかげさまで元気にしております

ポイント 元気でいられるのはまわりの人のおかげ。感謝の気持ちを込めて、「おかげさまで」という表現を身につけましょう。謙虚な姿勢を忘れずに。

■久しぶりに会った上司に対して

✕ どうもどうも！お久しぶりです！

good! こんにちは、
ご無沙汰しております

ポイント 「久しぶり」は同等の立場の人に向かって使う言葉です。「どうも」もつい口からでてしまいがちですが、きちんと「こんにちは」とあいさつしましょう。

ビジネス 社内での敬語②

外出時帰社時のあいさつ

あいさつはビジネスの基本。とくに外出時や帰社時には、元気よくあいさつしたいものです。ビジネスマナーをわきまえた「デキる大人の声がけ」をマスターしましょう。

こんな例はNG！

矢羽：おっす、ただいまっす！
先輩社員：「ただいまっす」ってなんだ？ ナメてんのか……？

帰社時の正しいあいさつ

good! ただいま、戻りました

ポイント 「ただいまです」は使ってしまいがちな表現ですが、当然間違いです。フランクな雰囲気の職場であっても最低限の礼儀は必要です。後輩に見本を示す意味でもしっかりとした言葉遣いを。「ただいま戻ってまいりました」でもOKです。

出先から戻ってきて元気がないと「外出先で何かあった？」と思われることも。オフィスに戻ったときは元気よくあいさつを！

外出・帰社時 そのほかのあいさつ

社内の雰囲気をよくするためにも、外出・帰社時にはその都度適切なあいさつをしましょう。使うことの多いあいさつ表現をまとめました。

■ランチから帰ってきたとき

✕ ただいま戻りました

good! お先にお昼をいただきました

ポイント 「ただいま戻りました」も間違いではないですが、もし戻ってきたときに上司の昼食がまだだった場合は上記のようにひと言加えたほうが好印象です。

■会議に行くとき

✕ ちょっと席外しま～す

good! 会議に行って参ります。15時終了予定です

ポイント 会社内では、自分の所在をきちんと伝えることが大切。上司の外出時の「行ってきます」への応対は「お気をつけて行ってらっしゃいませ」と伝えましょう。

■退勤するとき

✕ お疲れさまでした

good! お先に失礼いたします

ポイント 上司や先輩が忙しそうなときは、「何か手伝うことはありませんか？　もしなければ本日は失礼させていただきたいのですが」と気遣うことも忘れずに。

■体調不良で早退するとき

✕ 調子が悪いので先に上がります

good! ご迷惑をおかけしますが、お先に失礼します

ポイント 体調が悪くても、まわりへの気遣いを忘れずに「ご迷惑をおかけします」と声をかけます。翌日には自分に代わって対応してくれた方にお礼を。

ビジネス
社内での
敬語③

質問する

仕事で不明な点が出てきたとき、質問をしたいけれど聞くタイミングや適切な声のかけかたがわからない、という人もいるのではないでしょうか。正しい敬語を身につけ、自信を持って質問しましょう。

こんな例はNG！

間地：明日の展示会は、ひとりで来られます？
矢羽：（子どもじゃないんだから）ひとりで行けるよ！（怒）

同行者がいるか聞くとき

good!
おひとりでいらっしゃいますか？

ポイント
部下は「同行者がいるか」を聞きたかったようですが、「来られますか？」だと、ひとりで来ることができるか問われたと受け取られかねません。上司の能力を問うような言い方は失礼にあたるので「いらっしゃいますか？」を使います。

「来る」の尊敬語は「いらっしゃる」「おいでになる」「お越しになる」。
よく使う表現なので
しっかり覚えましょう。

質問する そのほかの表現

仕事をするうえで、避けては通ることができない「質問」。
知りたいことの要点をまとめて、どんどん質問しましょう。

■出先で上司に対して

✕ 今日はこのまま帰られますか？

good! 今日はこのままお帰りになりますか？

ポイント 「帰る」の尊敬語は「お帰りになる」。「お帰りになられますか？」は二重敬語なので注意。「戻りますか？」と聞くときも「お戻りになる」と言いましょう。

■先輩に教えてもらいたいとき

✕ ちょっといまいいですか？

good! いま、お時間
よろしいでしょうか？

ポイント 仕事中の相手に頼む場合は、「いま、お時間５分ほどよろしいでしょうか」「いま、少し大丈夫ですか」と相手の都合を尋ねましょう。

■もう一度説明してほしいとき

✕ さっきの説明ではわからなかったのですが…

good! もう少し詳しい
ご説明をいただきたいのですが…

ポイント 「わからない」と言ってしまうと、相手の説明の仕方が悪かったようにとられかねません。「詳しいご説明を」と言い、どの部分を聞きたいのか伝えましょう。

■上司に知っているか聞くとき

✕ ○○の件、知ってますか？

good! ○○の件、ご存じですか？

ポイント 「知ってますか」だとやや上から目線な印象を受けます。「知る」の尊敬語「ご存じ」を使いましょう。

ビジネス
社内での
敬語④

相談する

業務の内容などで判断に迷ったとき、人間関係で悩んだときなど、上司や先輩に相談ごとを持ちかけたいタイミングは多々あるはず。相談の仕方とタイミングのコツをつかみましょう。

相談する前に

相談する前に、以下のチェックポイントを確認して、
あらかじめ準備しておくことが大切です。

■ 相談前の３つのポイント

【ポイント その１】

相談相手を決める

まずは、悩みの内容が仕事に関することなのか、プライベートに関することなのかを判断します。そのあと相談することで何を求めているのかを自問しましょう。ただグチを聞いてほしいだけなのか、アドバイスがほしいのか。求めていることがわかれば、相談すべき相手が見つかるはず。

わかる
わかるぅ

ドンと来い！

悩みに共感してくれるB子？

人生経験豊富な部長？

何に悩んでいるの？
関係者は？　状況は？
自分の考えは？

【ポイント その２】

相談内容を整理する

相手が決まったら、どんな内容を相談するか事前に整理しましょう。現状説明とともに、自分なりの考えを伝えます。なかなか整理がつかないときでも、その時点での考えをまとめておくことで相手もアドバイスしやすくなります。

【ポイント その３】

相手の都合を考える

相手に時間的余裕や精神的余裕があるか、長い話ができる状況かなどを考えます。納期前で忙しそうだったり、プライベートな出来事で精神的に弱っている人などには相談を持ちかけないようにしましょう。

相談する、お礼をする

相談するときは、相手の状況を気遣い、いま話してもいいかたずねましょう。相談に乗ってもらったあとはお礼を言い、その後の経過を報告するのが礼儀です。

【ポイント その1】

前置きの言葉から

本題に入る前に、「お忙しいところ申し訳ないのですが」などの前置きをはさんで相手の状況をうかがいます。先輩や上司には「お手をわずらわせて恐縮ですが」などのフレーズを使い、相談してもいいかたずねましょう。

・使える前置きフレーズ

【プライベートな悩みを切り出す】

「私ごと（個人的な話）で恐縮ですが～」

【ぜひ悩みを聞いてほしい】

「○○さんならよい知恵をいただけると思って」

「○○さんはその方面に詳しいから」

【誰かを紹介してほしい】

「人脈をお持ちの○○さんならと思い、
声をかけさせていただいたのですが～」

ポイント 紹介してもらったら、紹介者にその後の経過報告を忘れずに。

【ポイント その2】

感情的にならない

感情的に話すと要点が相手に伝わりにくく、相手もアドバイスをしにくいもの。冷静になって、いったん自分の気持ちを落ち着けてから相談するようにしましょう。

【ポイント その3】

お礼をする

問題が解決したら、相談に乗ってもらったお礼を言いましょう。たとえ、明確な結論が出なかった場合でも「気持ちの整理がつきました」と感謝の意を示しましょう。相談したほうは忘れていても、されたほうは心配していることもあります。

相談を受ける

相談を持ちかけられたときのために知っておきたい心構えを見てみましょう。

【ポイント1】
相手の求めていることを見極める

相談を受けるときは、まず、相手が何を求めているのかを考えましょう。的確なアドバイスがほしいのか、背中を押してほしいのか、ただ話を聞いてほしいだけなのかを見極めましょう。相手の目的によって、話を聞く態度も変わってきます。

■ 相談ごとに応じた態度の例

- グチを聞いてほしそう→話を聞いて「わかるよ」とあいづちを打つ
- 答えがほしそう→「こういう見方もあるよね」と客観的な意見を伝える
- 励ましてほしそう→「あなたは間違ってないよ」など前向きに励ます

【ポイント2】
効果的なあいづちを打つ

相談者の悩みが深刻な場合など、会話が途中で途切れてしまうことがあります。効果的なあいづちを打つことで、話しやすい環境をつくりましょう。

■ あいづちの例
そうだね、いろいろあるよね／なかなか大変だよね／すごくがんばっていると思う／私も同じように考えたと思う／○○さんは悪くないと思うよ

【ポイント3】
相談者を責めない

相談者に非があると思っても、「あなたが悪い」と正面から言うのは避けましょう。相手がうまく話せなくても「いったい何に悩んでいるの？」「まどろっこしいな～」などの言動はNG。相談者が求めていることを見極め、優しく接しましょう。

■ こんなときどうする？

相手の考えに同意できないときは、はじめに「そういう意見もあるよね」「今回はタイミングが悪かったのかもしれないね」と相手の考えを一度受け入れたうえで、「でもね…」とおだやかに反論すると角が立ちません。

相談する そのほかの表現

相談するときは、時間を割いてもらっているという意識を忘れずに。
耳を傾けてくれたことに対して、感謝の言葉を伝えましょう。

■アイデアがほしいとき

✖ なんかいいアイデアないですかね?

good! **お知恵を拝借したいのですが…**

ポイント 単に「いいアイデアはないか」と聞くよりも、「賢いあなたにぜひ教えてほしい」というニュアンスを含むため、言われたほうは悪い気がしないものです。

■困っていることを話すとき

✖ えっと、昨日のことなのですが…

good! **○日の△□のことで 頭を痛めておりまして…**

ポイント ダラダラと話すとわかりづらくなります。「△□のことで困っている」と、結論や用件を先に伝えるクセをつけましょう。自分なりの解決案も添えるとより◎。

■どうすればいいのかわからないとき

✖ お客様がクレーマーになっちゃって…

good! **○○の件でお客様を怒らせてしまいました 対応をご指導いただけますか?**

ポイント 何をすればいいかわからなくて途方に暮れたときは「ご教示ください」や「ご指導いただけますか」などの相手に教えを請う言葉を使います。

■相手のアドバイスに賛同できないとき

✖ そうは思えませんが…

good! **もう一度、考えを まとめてみたいと思います**

ポイント 相手の意見に納得できなかった場合は「改めて、頭の中を整理してみます」と、いったん相談事を持ち帰って再考する方法も。

ビジネス 社内での敬語⑤

謝罪する（社内編）

どんなに仕事ができる人でも、ミスをしてしまうことがあります。そんなときは、言い訳をしたりせず、誠実に謝ることで信頼を回復する努力をしましょう。

こんな例はNG！

上司：ちゃんと確認しなきゃダメじゃないか！
湯島：えっ？　私のミスじゃありませんけど……。

チームのミスへの正しい謝罪

good!

チーム内で早急に改善策を講じます

ポイント

たとえ自分のミスでなくても、チームで仕事に取り組んでいる以上、責任はみんなで負わなければなりません。チームがミスをしてしまったら、問題解決に努めていることをアピールし、名誉挽回を図りましょう。

誰のミスかは、業務を遂行するうえではあまり関係のないこと。しっかり謝罪し、建設的に物事を進められるのがデキる社会人です。

謝罪する そのほかの表現

同じ会社内だからといって、甘えた姿勢でいると評価は上がりません。
社内でも、謝罪のときは丁寧な言葉で気持ちを表現しましょう。

■忘れていたことを謝るとき

✕ すっかり忘れてました、すみません

good! **失念してしまい、申し訳ございません**

ポイント 「送る」と言ったものを送っていなかったなど、やるべきことを忘れてしまったときには「失念した」と表現しましょう。「忘れていた」より丁寧な印象です。

■発言をとがめられたとき

✕ 失礼なことを言ってしまい、すみません

good! **心ならずも不用意な発言、お詫びいたします**

ポイント 「考えの足りないことを申しました」などの表現も。「ご指摘いただきまして、ありがとうございます」と付け加えると前向きな印象。

■言われたことが記憶にないとき

✕ 聞いておりませんが…

good! **申し訳ございません、聞き落としていたようです**

ポイント 本当に聞いていなかったとしても、それを主張すれば角が立つだけ。「恐れ入りますが、もう一度ご教示いただけますか」と低姿勢で接し、話を進めましょう。

■仕事のルールを守れなかったとき

✕ それについては知りませんでしたが…

good! **申し訳ございません、私の認識不足でした**

ポイント 仕事の段取りを把握していなかった場合、「知らなかった」だけで済ませるのはＮＧ。「認識不足だった」として自分の非を素直に認める姿勢を示しましょう。

ビジネス社内での敬語⑥

お願いする

仕事をしていると、先輩や上司に協力をお願いする機会が頻繁にあります。少しのニュアンスの違いで相手の受け取る印象も大きく変わるため、相手の気分を害さない言葉遣いを。

こんな例はNG！

それ、超急ぎでお願いね！
ハァ〜
またか…
やれやれ…

上司：これ、超急いでるからすぐにお願い！
間地：頼まれたらやるけど、いちいち高圧的なんだよな……。

正しい依頼の表現

good!
〜をお願いできますでしょうか？

ポイント 必ずやってもらわなければならないことでも、お願いする立場であることを忘れずに。「〜して」という命令口調よりも、「〜できますか」と相手を尊重した依頼形の表現のほうが、快く引き受けてもらえます。

急なお願いをしたいときも、「すぐにお願いします！」ではなく、「急で申し訳ありませんが、お願いできますでしょうか？」と相手の都合をうかがいます。

お願いする そのほかの表現

お願いするときは、相手の都合を考えて、配慮するようにしたいもの。
シチュエーション別のお願い表現をまとめました。

■相手の言うことが理解できないとき

✕ もう一度ご説明ください

good! 申し訳ございませんが、
もう一度ご説明いただけますでしょうか？

ポイント こちらの不注意で聞き逃したことをたずねるのだから、「申し訳ございません」と謝りのひとことを入れましょう。

■上司に報告書を見てもらうとき

✕ この報告書のご確認をお願いします！

good! 恐れ入ります、この報告書に目を
通していただけますでしょうか？

ポイント 相手の勤務時間を使わせてもらうことを忘れずに。「目を通していただく」は「見る」より丁寧な印象を与えます。

■期日を指定するとき

✕ 12月1日までにお願いします

good! こちらの事情でたいへん恐縮ですが、
12月1日までにお願いしたいと存じます

ポイント 必ずそれまでにやってもらわなくてはならないことでも、命令口調はＮＧです。「恐縮ですが」と相手を立てましょう。

■上司に協力を依頼するとき

✕ ぜひ、ご協力をくださいませ

good! お力添えを
よろしくお願いいたします

ポイント 「協力してほしい」は、対等な関係にある相手に使う言葉です。上司や先輩に協力を依頼する場合は、「お力添え」という言葉に言い換えましょう。

上手なお願いの仕方

言いづらいことをお願いするとき、快く引き受けてもらうための
８つのポイントを押さえておきましょう。

■ポイント１

否定の言葉を使わない

お願いするとき、「～していただけませんでしょうか？」と言いがちですが、この言葉には「いただけません」という否定の言葉が入っています。イエスと言わせるためには、「～していただけますか」のほうが◎。

【お願い表現の例】

✖ お願いできませんでしょうか？
〇 お願いできますか？
✖ ご検討いただけませんか？
〇 ご検討いただけると幸いです

■ポイント２

雑談をはさんでから

「お願いがあるんだけど」と突然切り出されると、相手も身構えてしまうもの。雑談をはさんだり、おもしろい話題を提供して場を和ませてからお願いすると、ＯＫしてくれる可能性が高まります。

■ポイント３

感謝の言葉を述べてから

人は、「ありがとう」と感謝してくれる人には好感を抱くもの。日頃から「○○さん、いつもありがとう」という言葉をかけておくと、何かを頼みたいときに話を聞き入れてもらいやすくなります。

■ポイント４

普段からお願いを聞いておく

日頃から、誰かに頼みごとをされたときは可能な限り引き受けておきましょう。「貸し」をつくっておけば、自分が困ったときにお願いをしやすくなります。

■ ポイント5

厳しめな条件を先に提示する

難しそうな条件をあえて提示するのも方法のひとつ。そのあと、実際に頼みたいことを相談すると、「はじめの条件だとさすがに厳しいけど、それくらいだったら…」と引き受けてもらえる可能性が高まります。

■ ポイント6

簡単なお願いからする

頼みたいことが複数に及ぶときは、「コレもコレもコレも」と一気に頼むのではなく、簡単なものから徐々に追加しましょう。「ここまでやったからついでにやってあげよう」という気持ちになってもらえる可能性があります。

■ ポイント7

「一緒にがんばろう」という気持ちで

ほぼ相手にすべてを任せたい内容でも、「できる限りのフォローはするから」「○○できたらいいよね」と「一緒にやっている連帯感」を演出すると相手は心強い印象を受けます。

■ ポイント8

報酬を提示する

頼みごとをするということは相手に手間や時間を取らせることになります。関係性や状況によっては、なんらかの報酬を提示するのも手です。食事をご馳走したり、飲み物やお菓子などを差し入れしたりするのもいいアイデアです。

■ 明るい表情・声のトーンで

お願いをするときは表情や声のトーンにも気を配りましょう。複雑なお願いでなければ、なるべく明るいトーンと笑顔で話しかけます。深刻な表情だと、「面倒なお願いをされるのでは…」と相手が身構えてしまうかもしれません。逆に、時間のかかる依頼をする場合は真摯な態度で、相手にも配慮することを心がけて！

お願いが通りやすい表現

お願いをするならば、相手にも気持ちよく引き受けてほしいものです。
一言添えるとうまくいく、そんなフレーズをまとめました。

■ 基本のお願い表現

【基本のフレーズ①】

「ご検討いただけますか？」

取引先や上司に何かを提案するときに使うフレーズ。メール文書の最後にも「ご検討のほどお願いいたします」などとよく用います。

【基本のフレーズ②】

「まことに勝手なお願いですが」

「まことに勝手な～」との文面から恐縮している印象を受けるかもしれませんが、「お手数をおかけしますが～」「すみませんが～」程度のニュアンスでもよく使います。

【基本のフレーズ③】

「○○していただけるとありがたいのですが」

ちょっとしたことをお願いしたいときなど、さまざまな場面で使える便利な言葉。言い切るよりも親切な印象になります。「ありがたいのですが」を「助かります」「うれしいのですが」に変更してもＯＫ。

【基本のフレーズ④】

「ご一読いただければ幸いです」

資料や商品パンフレットなど、読んでもらいたいものを渡したり、メールに添付するときのフレーズ。「読んでください」というと一方的な印象を与えるため、このような言葉を使います。

【基本のフレーズ⑤】

「お手すきの折にでも」

急ぎではない仕事を頼みたいときの定番フレーズ。相手の忙しさを考慮したうえでの言葉なので、気遣いが感じられるフレーズです。

■ やや面倒なことをお願いする

難しい依頼や手間のかかるお願いをするときは、基本フレーズとは違った特別な表現が有効な場合があります。面倒な依頼に使えるフレーズをまとめました。

【特別なお願いフレーズ①】

「身勝手なお願いとは承知しておりますが」

納期の延長や大幅な修正など、面倒なことをお願いするときのフレーズ。あわせて、「大変申し訳ありません」と謙虚な気持ちを表すことを忘れないようにしましょう。

【特別なお願いフレーズ②】

「お願いするのは忍びないのですが」

「忍びない」とは、「耐えられない」という意味。この表現を使えば、「お願いするのが耐えられないほど恐縮なのですが～」というニュアンスを伝えることができます。

【特別なお願いフレーズ③】

「経験の深い人に引き受けてもらいたいので」

年上の部下や愛想のない相手に何かを頼むときに使える言葉です。相手の実績や経験を評価することで、自尊心を刺激しましょう。

【特別なお願いフレーズ④】

「ほかに相談できる方もなく…」

自分にとって「頼れるのはあなただけ」という気持ちを伝えます。頼られて、悪い気がする人はいません。多少の無理なら聞いてあげよう、という気持ちになるはずです。

【特別なお願いフレーズ⑤】

「○○さんしかできないと思いますので」

相手の仕事ぶりを評価してお願いする言い方です。名指しで頼むことで引き受けてもらいやすくなります。

お願いフレーズを使いこなして、「お願いの達人」になろう！

ビジネス社内での敬語⑦

感謝を伝える

助けてもらったとき、お世話になったときなどは、感謝の気持ちを言葉にすることが大切です。言い回しを覚えて、状況に合わせて適切な表現が使えるようになりましょう。

こんな例はNG！

間地：助けてもらっちゃって、本当にすみませんでした!!
部長：すみませんって……、なんで謝るんだよ。

感謝を伝える定番フレーズ

good!

心から感謝しております
ありがとうございました

ポイント 「すみません」よりも「ありがとうございます」と言ったほうが肯定的な意味合いが強いため、素直な感謝の気持ちを伝えることができます。さらに、「これも◯◯さんのおかげです」などと名前を付け加えるとより丁寧な印象になります。

「あのとき◯◯とアドバイスいただいたおかげで一歩を踏み出すことができました」などと状況を説明するとより感謝の思いを伝えることができます。

感謝する そのほかの表現

お礼に言いすぎることはありません。日頃の感謝の気持ちを
いろいろなバリエーションで相手に伝えてみましょう。

■助けてもらったとき

✕ 助けてくれてありがとう

good! **おかげさまでとても助かりました／
お力添えいただきありがとうございます**

ポイント 目上の人に対しては「ご尽力いただきありがとうございます」という表現も。「お骨折りいただきまして」というフレーズも感謝の言葉として使います。

■いつもお世話になっている人に感謝するとき

✕ いつもすみません

good! **いつも頼ってばかりで…／
日頃のご親切に頭の下がる思いです**

ポイント 日頃お世話になっている人には、折に触れて感謝の気持ちを伝えましょう。旅行や帰省の際などにお土産を渡すことで気持ちを伝えることもできます。

■品物をもらったとき

✕ 気をつかっていただき、申し訳ありません

good! **お言葉に甘えて、ありがたく頂戴いたします**

ポイント お祝いの品や手土産などの品物をいただいたときは、「申し訳ありません」などと過度に恐縮するのではなく、上記のような表現でありがたく受け取ります。

■配慮に感謝するとき

✕ ご親切にどうも

good! **ご厚意に
報いるため、全力でがんばります**

ポイント 「相手の親切心をムダにしないために全力でがんばる」と伝えることで、多大な感謝の気持ちを表します。

ビジネス社内での敬語⑧

ねぎらう・励ます

がんばった人、成果をあげた人に対しては、ねぎらいの気持ちを表現したいもの。落ち込んでいる人に対する励ましの言葉も覚えておきましょう。

こんな例はNG！

間地：やった〜！ ようやく仕事が終わった！
湯鳥：はい！ じゃあ、次はこっちをお願いね！

仕事が一段落したときの表現

good!

大変だったね、よくがんばってくれた

ポイント 部下や同僚が仕事をやり遂げたときは、仕事の評価にかかわらず、しっかりとねぎらいの言葉をかけましょう。「○○さんのおかげでうまくいった」などと付け加えると、具体性が増してより印象がアップします。

目上の人をねぎらうときは「お疲れになりましたでしょう？」と疑問形にしてコミュニケーションを深めましょう。

落ち込んだ人を励ます表現

理由があって落ち込んでいる人、何らかのミスをしてしまった人には、プラスの言葉をかけて励ますことが大切です。

■ 使える励ましフレーズ

■ 励ましフレーズ①

「気に病むことはないですよ」

相手のミスなどで謝罪を受けたときに用いるフレーズ。「たいしたことではない」と伝えることで、気を楽にしてもらい、その後の人間関係を円滑にします。

■ 励ましフレーズ②

「くれぐれも大事になさってください」

病み上がりの人へのいたわりの言葉です。冬だったら「厳しい寒さが続きますので」、夏なら「毎日暑いので」と続けると相手を気遣う気持ちが伝わります。

■ 励ましフレーズ③

「ご心痛のほどお察しいたします」

親戚に不幸があった人などをいたわる言葉です。余計な発言は相手をより落ち込ませてしまうことになりかねないので、このように言うのが無難です。

■ 励ましフレーズ④

「私でお役に立てることがありましたら、どうぞお声をかけてください」

困難な状況にある相手に、手助けを申し出るときの言葉。押しつけがましくなく、相手に「困ったときは助けたい」という好意を示すことができます。

■ 励ましフレーズ⑤

「縁がなかったということで…」

うまくいかなかったときは自分の非を責めがちですが、失敗の原因を「縁」とすることで相手は救われた気分になります。

■ 励ましフレーズ⑥

「私にも同じような経験があります」

自分にも同じ経験があることを伝えることで、失敗をして落ち込んでいる相手の気持ちを和らげることができます。

■ 励ましフレーズ⑦

「今回は運が悪かっただけです」

たとえ相手が失敗したとしても、「今回は」と限定することで、次回の成功を意識させて励ますことができます。

■ 励ましフレーズ⑧

「お互い、いい経験だったと思うことにしましょう」

自分自身に落ち度がなくても、「こういったケースもある」という教訓にはなるはず。どちらかを責めたりせず、お互いに励ましの気持ちを込めて用います。

ビジネス社内での敬語⑨

報告する

仕事の進捗報告、会議の決定事項の報告など、ビジネス現場で上司に報告する機会は多くあります。コツを覚えて、わかりやすく正確な報告を心がけましょう。

こんな例はNG！

湯鳥：例の案件なんですが、○○が△△で、□□もあって……。
部長：用件は何なの！ ちゃんと整理してしゃべってよ！

正しい報告の仕方

good!

**○○の案件について
ご報告があります**

ポイント まわりくどい言い回しはNG。報告が複数あるときは、「3つ問題があります。ひとつめは…」と前置きしてからひとつずつ伝えましょう。また、「先週の打ち合わせの件」よりも、はっきりプロジェクト名などで伝えたほうが正確です。

複雑な内容は口頭のみで伝えるのではなく、資料を添えて報告するとスムーズ。「資料もご確認願えますでしょうか」などの表現を加えることも忘れずに。

簡潔に報告するコツ

仕事の経過や打ち合わせの内容などを報告するときは、要点をわかりやすく話すことが重要。物事を簡潔に報告する際の４つのポイントを紹介しましょう。

■報告を簡潔にする４つのポイント

【ポイント①】

５Ｗ１Ｈで報告する

「Who（誰と）」、「What（なにを）」、「When（いつ）」、「Where（どこで）」、「Why（どんな目的で）」、「How（どんなふうに）」を頭の中でまとめます。メモを取るのも◎。

【ポイント②】

１文を短く区切る

「～が、～して、～だったのですが」など１文が長いと要点がわかりづらくなります。文のなかで接続詞は使わず、できるだけ短文に言い換えましょう。

結論を先に述べる

結論や要点は、「納期が１ヵ月遅れることになりました」などと、最初に話します。理由については、その後に述べるようにしましょう。

接続詞を効果的に使う

１文を短く区切ると文脈の流れがわかりづらくなることも。大切なところで「しかし」「このように」「つまり」といった接続詞を効果的に使用することで、伝えたい内容を強調することができます。ただし、接続詞の多用は逆効果になるので注意！

仕事の進捗状況を報告する

仕事の進み具合は、上司から問われなくても定期的に報告することが大切です。

■ 報告するタイミング1

業務の3分の1が完了したとき

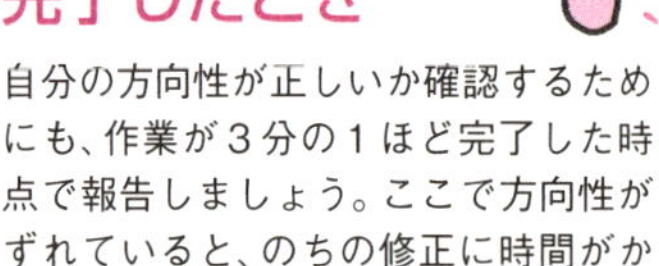

自分の方向性が正しいか確認するためにも、作業が3分の1ほど完了した時点で報告しましょう。ここで方向性がずれていると、のちの修正に時間がかかり大きなムダになってしまいます。

■ 報告するタイミング2

業務の8割が完了したとき

完成前にも、一度報告を。仕事の完了時期を伝えることで上司は安心できますし、その後の仕事の予定も立てやすくなります。完成前にアドバイスをもらえれば、クオリティも高まります。

■ 報告するタイミング3

不測の事態が発生したとき

「突然、別の仕事を命じられた」、「思ったよりも時間がかかりそう」など、不測の事態が生じたときにも、その旨を上司に伝えましょう。優先順位や、どうすれば解決できるのかを自分なりに考えたうえで上司に相談するようにしましょう。

業務がスムーズに進んでいるときも定期的に報告することで上司からの信頼がアップ

業務がうまくいっていないときだけでなく、スムーズに進んでいるときにも中間報告をすることが大切です。なぜなら、自分では「順調に進んでいる」と思っていても、上司から見れば間違っていることがあるかもしれないからです。1～2分の定期的な報告でも上司は安心できますし、問題があればその場で指摘してもらえます。安心して仕事を任せられる部下になるためにも、こまめな報告を心がけましょう。

1~2分の情報共有が大事!!

トラブルを報告する

トラブルが発生したとき、スムーズに報告するにはコツがあります。
どのようなポイントがあるのか、見てみましょう。

■ポイント1

まずは事実確認から

報告は迅速に行う必要がありますが、正確な事実確認を行わなければ対処のしようもありません。5W1Hを基本に、正確に事実を確認しましょう。

■ポイント2

すぐに上司に報告する

トラブルの報告は、スピード勝負。打ち合わせ中、会議中の場合は「会議中に失礼します」とひとこと断ってから、「緊急のご報告があります」とメモなどを使い簡潔に内容を伝えます。

■ポイント3

言い訳をしない

「私はきちんと伝えたのですが」「○○さんのミスで」など、言い訳や責任転嫁はNG。当事者意識を持ち、問題解決に全力を尽くしましょう。

■ポイント4

指示を正確に把握する

上司の指示の内容に不明な点があるときはその場ですぐに「○○についてはいかがいたしましょう」と質問します。やり方がわからないときは、「○○についてご指導いただけますか」と具体的に聞きます。後回しにするのはNGです。

トラブルを報告するときのコツ

「早急に、正確に！」が基本。言い訳せず事実を確認し対処しましょう。

ビジネス
社内での
敬語⑩

依頼を受ける

仕事を依頼されたとき、相手にとって気持ちのいい返事ができているでしょうか。間違った敬語を使って返事をすると「この人に仕事を任せて本当に大丈夫かな…」と不安にさせてしまうかも。

こんな例はNG！

部長：この仕事、キミがやってみるか？
間地：はい！ ぜひやらさせていただきます！

仕事を受ける正しい表現

good!

**はい、
やらせていただきます**

ポイント
「～せていただく」に、不要な「さ」を入れる間違い。「ご説明させて～」「努力させて～」も同様に、「ご説明いたします」「努力いたします」と言うほうがスマートです。「私にやらせてください」とシンプルに言うのも◎。

仕事の依頼を受けたときは、うまくできるか自信がないときも、まずは「精一杯がんばります」と前向きな意欲を伝えることが大切です。

依頼を受ける そのほかの表現

気の進まない案件でも、受けると決めたら快く返事を。抱えている仕事を伝えて優先順位を確認すれば気持ちも、仕事もスムーズに進みます。

■仕事を任せることが可能か聞かれたとき

✕ いいっすよ!

good! 全く問題ありません

ポイント 「それくらいならいつでも言ってください」という意味で「問題ありません」と言えば、相手に負担を感じさせません。「おやすい御用です」という表現も可。

■上司に指示を受けたとき

✕ 了解です!

good! △□の件、かしこまりました

ポイント 「了解」という言葉には尊敬の意味が含まれていないので、目上の人には、「かしこまりました」などがより丁寧な印象に。

■急ぎの仕事を任されたとき

✕ 速攻やります!

good! 大至急取りかかります

ポイント 「速攻で」は、いわゆる俗語です。口癖で出てきてしまう人は、普段から気をつけましょう。

■難しい仕事を依頼されたとき

✕ できるかわかりませんが…

good! ひとまず全力でやらせていただきます!

ポイント 謙譲語である「〜せていただきます」を使うことで、その仕事を自分に振ってくれた相手への感謝の気持ちを表すことができます。

ビジネス社内での敬語⑪

ほめる

良好な人間関係を築くために、ほめることは非常に大切です。しかし、一歩間違えると「お世辞を言われている」と受け取られてしまうことも。相手に喜ばれるほめ方のコツをご紹介します。

こんな例はNG！

片杉：さっきの部長のプレゼン、とっても感心しました。
部長：う～ん、そんなほめられ方をされると複雑な気分……。

上司の正しいほめ方

good!

勉強になりました、
やっぱり経験が違いますね！

ポイント 上司や年長者をほめるときは、言い方を間違えるとえらそうな態度に受け止められてしまいます。目上の人に対しては、「いつも勉強させてもらっています」「一緒に仕事ができて光栄です」など、自分を主語にしてほめましょう。

目上の人に対しては、評価をするのではなく、「教えていただいたおかげでうまくいきました」などと感謝の気持ちを伝えましょう。

ほめるときのポイント

「ほめられて悪い気がする人はいない」と思って、なんでもほめればいいと考えるのはＮＧです。言い回しやタイミングで、相手の受け取り方が変わってきます。

【ポイント その1】
その場ですぐにほめる

ほめるべきポイントを見つけたら、その場ですぐにほめましょう。普段から相手の行動をチェックし細かな変化を見逃さないようにしておきましょう。

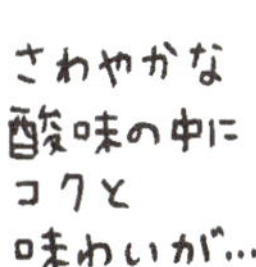

【ポイント その2】
具体的にほめる

「すごいですね」「さすがです」と抽象的な言葉もいいのですが、「○△さんにしかできない表現です。発想がユニークですね」などと相手のどこが優れているのかを具体的に示しましょう。

【ポイント その3】
決してこびない

相手に気に入られようという気持ちが強いと、逆に距離感を抱かれてしまうことも。ほめるときは素直な気持ちで。過剰なお世辞を言わないほうが無難な相手もいます。

【ポイント その4】
わかりにくいほめ方はＮＧ

自分はほめているつもりでも、あいまいな表現だと相手に伝わらなかったり、「皮肉を言われたのかな」と不信感を持たれてしまうことも。誰が聞いても「評価された」とわかる言葉を使いましょう。

ほめるときのコツ

ほめ慣れていないと、ほめるポイントやタイミングがつかみづらいもの。普段からほめる習慣をつけておきましょう。

何をほめればいいの？

外見や性格などほめるポイントはたくさんあります。具体的に見てみましょう。

■ 外見・声・しぐさに対して

・「おしゃれですよね」
服装に限らず、持ち物や髪型にも使えます。「カバンが雰囲気に合っている」などと具体的にほめましょう。

・「よく通る声ですね」
聞き取りやすい声をほめます。滑舌のよさをほめるのもいいでしょう。

・「笑顔がすてきですね」
「いつもにこやかな○○さんのおかげで、職場の雰囲気がよくなります」などと具体的に伝えるとより◎。

■ 行動に対して

・「パワフルですね」
行動力のある人や、仕事に精力的な姿勢が感じられたときに使用します。

・「脱帽するよ」
相手の力量に感服する様子。目上の人から部下に使うと、効果的です。

・「驚きました」
想像以上の出来ばえだったときに使用すると、印象に残るほめ方です。

■ 性格・能力に対して

・「頼もしいです」
期待を寄せる相手が対象。若い人、経験が浅い人に言いましょう。

・「完璧です！」
欠点がまったくないことを指摘できる表現で、最高のほめ言葉になります。

・「聞き上手ですね」
「○○さんとだとつい話し込んでしまいます」など、気持ちよく話せたときに。

・「器が大きいですね」
相手の器量をほめるときの表現。他の人にその人を紹介するときにも「器の大きな人ですよ」「懐が深い人ですよ」と言えば、ほめ言葉になります。

■ ほめるところが見つからない!?

どうしてもほめることが見つからないときは、「○○さんならうまくやりそうだよね」「将来有望だね」など相手の可能性にフォーカスしてほめましょう。また、結果だけでなく「すごく真剣に悩んでくれたよね」など、過程をほめる方法もあります。

相手の性格に応じてほめよう

相手の性格によって「響きやすいほめ方」「響きにくいほめ方」というものがあります。ここでは性格別の効果的なほめ方をご紹介しましょう。

■ 性格別ほめ方指南

【性格タイプ　その1】

自己主張が強く、感情が出やすい相手には…

主張が強く、自信があるタイプの人には、「すごいですね」「さすがです」などと、やや大げさで抽象的なほめ言葉が効果大。「○○さんのおかげで助かりました」と、相手の行動に感謝を示すコメントも◎。

【性格タイプ　その2】

自己主張をあまりせず、感情を出さない相手には…

それほど主張が強くない人は、大げさなほめ言葉より、その人が得意なことを具体的にほめるほうが効果アリ。「○○さんの書類はいつもわかりやすいので助かります」などと伝えると、「自分のことをよくわかってくれる」と心を開いてもらいやすくなります。

【性格タイプ　その3】

自己主張はできるけど感情を出さない相手には…

感情をあまり表に出さない人の場合、喜んでいるかイマイチわからず、なかなかほめにくいものです。こういったタイプには、「○○さんがあなたのことを『気が利く人』とほめていましたよ」などと伝聞の形で伝えると、真実味が増します。

ほめられたときのスマートな返答

ほめられたときに、「いえいえ」などと謙遜しすぎると、せっかくほめてくれた相手の言葉を否定することになり失礼にあたることも。謙遜したいときは「もったいないお言葉です」「恐縮です」「まだまだ未熟者です」などと切り返しましょう。

ビジネス社内での敬語⑫

指摘・注意する

相手の行動や間違いなどを注意したいとき、あまりに率直な言い方をすると相手が気分を害すこともあります。良好な関係を保ったまま上手に指摘できるようになりましょう。

こんな例はNG！

矢羽：部長が作った資料、全然違いますよ～。
部長：むう～、キミに指摘されなくてもわかっとるよ！

間違いの正しい指摘表現

good!

私が間違っていたら申し訳ないのですが…

ポイント

正直に相手の誤りを指摘すると角が立ってしまうことがあります。「自分が正しいとは限らないのですが」と謙虚な姿勢をアピールすれば、反感を買うことなく間違いを指摘することができます。

相手が明らかに間違っていて自分が正しいと思っても、「私の記憶違いかもしれないのですが」などと前置きすれば角が立ちません。

指摘・注意をするときのポイント

相手の行動の誤りを注意したいときは、以下のような点に注意しましょう。

【ポイント その1】

前置きの言葉を使う

話を切り出す前に「申し上げにくいのですが」「こんなことを申し上げるのは心苦しいのですが」と前置きの言葉を使うと、相手に心の準備をさせることができます。

以下は前置き言葉の一例です。状況に合わせて使い分けましょう。

- すでに織り込み済みだとは思うのですが
- 念のため確認しておきたいのですが
- お言葉を返すようですが
- 失礼とは存じますが
- 少し誤解があるようですが

【ポイント その2】

深刻にならない

言いづらいことは、さらっと軽く伝えるほうが相手は素直に聞き入れやすくなります。笑顔で伝えるのもいいでしょう。逆に、真剣に聞いてほしいときは深刻な表情で。

【ポイント その3】

話のついでに切り出す

何かの話のついでのように切り出すのも手。「そういえば…」と、急に思い出したように伝えると、深刻に受け取られすぎずに相手の心理的負担を減らすことができます。

【ポイント その4】

ほめ言葉も併用する

相手の行動の至らない点について指摘・注意したあとは、「○○の点はすばらしいと思うのですが」「せっかくいい出来栄えですので」など、優れた点を指摘しフォローすることも忘れないようにしましょう。

指摘・注意するときのコツ

間違いを指摘することで相手を怒らせたり、落ち込ませても何の得にもなりません。角の立たないように間接的に表現することが大切です。

上司・取引先に対して

指摘や反論などは目上の人に言いづらいものですが、
伝え方を工夫することで失礼にならずに意見することができます。

■ 正確に対応してほしいとき

「賢明なご判断をお願いします」

「上司の賢い判断がぜひ必要だ」と相手を立てつつ、「ミスの許されない案件だ」と念を押すことができます。

■ 意見に賛成しかねる

「そのあたりは見解の分かれるところですね」

相手の話に同意できなくても、真っ向から反論すると角が立つ場合は、あいまいにごしておきましょう。グチを聞かされたときなどにも有効です。

■ 別の考え方を示したい

「大筋ではそうかもしれませんが」

真っ向からの反論は避け、相手の意見を一度肯定してから反論しましょう。「その通りだと思うのですが」「おっしゃることはよくわかりますが」という表現も。

■ 指摘したい点がある

「2、3質問させていただいてもよろしいでしょうか？」

指摘したいことがあっても、いったん相手の話をすべて聞き入れてからこのように質問という形で伝えると、角が立ちません。

■ 難しい要求を受けた

「それは現実的ではないようで…」

「100パーセント無理！」と思っても、「リアリティに欠けますので」「物理的に難しく」などと言えば、「引き受けるのが嫌なわけではない」というニュアンスで伝えることができます。

■ 約束の期日が過ぎている

「行き違いかもしれませんが…」

返事がくるはずなのにこない、提出期限の過ぎた書類があるなど、約束を忘れている相手にはこのような表現で遠回しに指摘しましょう。

部下を注意する表現

部下を指摘するときも思いやりの気持ちが必要。使える表現をまとめました。

■ 仕事が遅いことを注意するとき

✕ もう少し、ペース上げてもらえる？

good! **丁寧だけどマイペースすぎかもね**

ポイント 「早くして」と言われるのは誰でも気分を害するもの。「仕事、丁寧だね。スピードも加えられると最強だね！」と、まずは丁寧さをほめるのも手です。

■ 部下が悩みすぎているとき

✕ 早く決めて、まだなの？

good! **思慮深いのは結構なのだけど…**

ポイント 優柔不断だったり、悩みすぎてほかの業務が滞っているときには「早くしてよ」「まだ？」と言うのではなく上記の表現を用いましょう。

■ 計画性に欠けるとき

✕ なんにも考えてないでしょ

good! **失敗を恐れないのはいいことだと思うけれど…**

ポイント たとえ計画性がなくても、挑戦している点は評価したいもの。上記のように前置きしたあと「もう少し計画的に進めたほうがいいかもね」と伝えましょう。

■ 直してほしい行動を指摘するとき

✕ ここ、直してもらえる？

good! **ここは、誤解する人がいるかもしれないから…**

ポイント 「自分はそんなこと思っていないけれど、誰かはこう思うかもしれない」と第三者の視点を持ち込むことで、指摘を受け入れてもらいやすくなります。

■ 部下の提案を却下したいとき

✕ いまひとつかなぁ

good! **○○さんの意見も捨てがたいんだけど…
今回はこうさせてもらえない？**

ポイント 部下の提案を否定するのではなく、上記のように質問の形で投げかけることで「今回はたまたま却下しただけ」というニュアンスを伝えることができます。

使える！

相手を傷つけない 言い換え言葉

ビジネスシーンではネガティブなことを前向きに表現しなければならないこともあります。うまい言い回しを見つけて、ポジティブに伝えましょう。

■ 性格に関する言い換え言葉

× あきらめが悪い
○ 粘り強い

何度失敗しても挑戦する、あきらめない人に対して、「あきらめが悪い」と言ってしまえば悪口になってしまいますが、「くじけない」「粘り強い」と言い換えることもできます。

× 細かい性格
○ よく気がつく人

「細かい性格ですね」というと、重箱の隅をつつくようなイメージですが、「細かなところまでよく気がつく人」とすれば、よい意味で几帳面なタイプという印象に変わります。

× 理屈っぽい
○ 論理的である

「理屈っぽい」と言うのは、マイナスのニュアンス。「論理的である」と言い換えれば、「知的な人」という印象に。

× 強引な性格
○ リーダーシップをとれる

「強引」というと自分勝手なイメージですが、人を引っ張っていくことができるところを評価すれば「リーダーシップがある」と前向きになります。

× おとなしい人
○ 控えめな方

「おとなしい人」という言い方は、積極性や存在感がない印象を持たれてしまいます。「控えめで品がある」「協調性がある」などと表現しましょう。

× 時間を守らない
○ マイペースな人

誰かが時間に遅れているときなど、「マイペースな人」や「何かと多忙な方」などと言えば、その人をフォローできます。ユーモアを込めて「あの人は南国時間だから…」などと言っても。

× 仕事に時間がかかる
○ 仕事が丁寧

「仕事が遅い」というと能力が足りないイメージもあるので「丁寧な人、慎重な人」と言い換えて。「時間がかかるけど、仕事が丁寧な人」などよいイメージをあとにもってくると◎。

× あの人は遠慮がない
○ いつも堂々としている

「遠慮がない」というのは、よい意味で自分の意志がある人。「堂々とされている方」と言い換えれば、悪い印象にはなりません。

× 耳を貸さない
○ 信念が強い

「人の意見に耳を貸さない」と言えば、悪口になってしまいますが、「信念が強いから、人の意見に屈することはない」と言えば、ほめ言葉になります。

■ ものの見方に関する言い換え言葉

人から意見を求められたときなど、率直な感想を言うと角が立つこともあります。そんなときはポジティブ言葉に言い換えましょう。

× ありきたり → ○ 定番、人気
× 特徴がない → ○ シンプルな、定番の
× わけがわからない → ○ 芸術的、独創的、抽象的
× 平凡 → ○ 手堅い
× 古くさい → ○ 伝統的な
× 小さい、狭い → ○ コンパクトな、こぢんまりとした
× ごちゃごちゃとしている、騒々しい → ○ にぎやか、活気がある
× 量が少ない → ○ 上品な

押さえておきたい

上司の評価UPな言葉

いつもの表現も工夫を加えるだけで、印象が大きく変わります。
言い回しを覚えて、愛される部下になりましょう。

■上司の評価が上がる言い回し

■ 報告を求められたとき

○○の件はつつがなく進行しております

「つつがなく」とは、何も問題がないということ。「何も問題ありません」よりも、粛々と事が進行しているイメージがあります。

■ プライベートなことを切り出すとき

わたくしごとで恐縮ですが…

私用での休暇願いなど個人的なことがらを報告する際の前置きに、仕事にプライベートな話を持ち込んでしまって申し訳ない、という気持ちを込めて使用します。

■ 感謝を表したいとき

**ご助力いただき、
ありがとうございました**

目上の人に改まってお礼を言うときの言葉。「本当に助かり、感謝しております」など。感謝の気持ちはダイレクトに伝えると相手もうれしいものです。

■ 上司に異議をとなえたいとき

私の勘違いかもしれませんが…

上司からの提案などに対して「違うと思います」と直接言うと、角が立ってしまいます。あくまで私の意見ですがというスタンスで。

■ 上司に助けてほしいとき

good!
お力添えをいただけますか？

「協力いただけますか？」は同僚に対して。目上の人には特に、「能力のあるあなたにぜひ力を貸してほしい」と相手を立てているニュアンスを含ませると◎。

■ 特別な頼みごとをするとき

good!
**○○さん以上に
詳しい方がいなくて…**

特別、○○さんだからこそと頼みごとをするときのフレーズ。相手の得意分野をもちあげてお願いするので、相手も悪い気はしないはずです。

■ ほめられたとき

good!
これからも精進してまいります

「精進」とは、ひとつのことに集中して必死に励むというニュアンスがあります。ほめられたときになどに感謝の言葉とともに使うと、今後の決意が伝わります。

■ 決意を表明したいとき

good!
**精一杯
がんばらせていただきます**

ワンランク上で重みのある「尽力します」という表現も。重要な仕事の場面などで「任せてください」という気持ちを込めて使いましょう。

【こんなときどうする？】目上の人を会合に誘いたいとき

「部長がいないと始まりません」

目上の人を会合などに誘うときは「○○さんがいないと始まりません」という言葉が効果的。「あなたは誰よりも重要です」というニュアンスを強調できます。上司からの誘いには「お供させてください」「ご一緒させてください」が好印象なフレーズです。

押さえておきたい

職場で好かれるひと言

同僚や部下に対してもねぎらいや丁寧な言葉を使うことで、
職場で好かれる存在に。なれなれしい表現を避けることで大人の品格を保てます。

■ 同僚・部下に好かれるひと言

■ 部下をほめるとき

good!

君のおかげでこの仕事がうまくいったよ

目上から言われるとうれしい言葉。「○○さんの報告書は見やすくて助かるよ」「いつも丁寧だね」など相手の仕事を見て、ピンポイントでほめましょう。

■ 部下に妥協を勧めるとき

good!

折り合いをつけることも大切だよ

「折り合う」とは、対立していた者同士が妥協し合って話がまとまり解決すること。部下が自分の考えに固執しているときなど、柔軟な対応をうながす際に使用します。

■ 仕事をお願いするとき

good!

**折り入って
お願いしたいんだけど…**

部下への信頼感が表れたお願いフレーズ。上司から信頼されているというのは、部下にとって最高の評価。「○○さんになら、安心してまかせられるよ」という表現も◎。

■ 積極的に仕事に取り組んでほしいとき

good!

お客様が待っていらっしゃるんだから…

目の前の仕事の先には、お客様がいるということを認識させることで、チームのやる気を引き出す言葉です。

■ 仕事の失敗をフォローするとき

いい経験だったと思おうね

失敗を次に活かせばいいというプラスの励まし。責任を部下になすりつけるのではなく、いつでもかばってくれる上司に、部下はついていきたくなるものです。

■ 指摘するとき

そういえば○○についてだけど…

指摘するときは、相手が受け入れやすい環境づくりを心がけて。「プレゼンはよかったけど…」などひとつほめてから改善点を付け加えるのも有効。人前を避ける配慮も◎。

■ 同僚とチームを組むとき

good!

一緒に仕事ができて
うれしいです

同僚や後輩などとチームで仕事をするときに相手に好意を持ってもらえるフレーズ。目上には、「ご一緒できて光栄です」「勉強になります」などを使います。

■ 仕事が遅い部下に一言

慎重になりすぎていない？

丁寧なことはいいですが、部下が仕事に時間をかけすぎるのも上司としては放ってはおけないもの。「マイペースすぎない？」「じっくり考えるのもいいけど…」など相手に仕事のスピードを意識させるときのフレーズです。

■ 仲良くなりたい同僚に一言

good!

○○さんには
何でも話しやすいです

こちらが心を開いていることを伝えるフレーズ。仲良くなりたい相手に使うと、親近感を持ってもらえます。

【知っておきたい】

飲み会のスマートな断り方

飲み会の誘いを断るときは、誘ってくれたことに対する感謝の気持ちを持って接しましょう。「次はお願いします」のひとことも忘れずに。

■ 飲み会の断り方 1

「先約があるため行けない」

「申し訳ありません」と丁寧に断ったあとに、「今回は先約があるんです。残念です。またぜひ誘ってください」と付け加えます。「所用があって…」は相手に理由を詮索されたくないときに使うとよいでしょう。

■ 飲み会の断り方 2

嘘も方便

コミュニケーションを円滑にするための飲み会は、いつも断わるのもよくありませんが、「両親が田舎から出てきていまして」「友人が泊まりに…」など「行きたいけど行けない理由」を伝えて角が立たないように断る方法も。

■ 飲み会の断り方 3

習い事がある

みんな、忙しい合間をぬって飲み会に参加しているもの。仕事ではなく、定期的に通っているお稽古ごとを理由に断ると角が立ちません。また誘ってほしい時には、「○曜日以外なら大丈夫です」などと伝えることもできます。

■ 飲み会の断り方 4

体調不良を理由にする

「参加したいのはやまやまですが、身体の調子が悪いので…」と、「本当は誘いを受けたい」のだという気持ちを伝えることがポイントです。体調不良を理由にすれば、相手も納得できます。

【第2章】

電話&メールでの敬語

電話やメールでのやり取りは、顔が見えないからこそ、粗雑な印象を与えないように言葉に注意する必要があります。電話やメールならではの敬語を正しく使いこなせるようになりましょう。

電話を受ける

電話の対応はその会社の印象に直接つながる、とても重要なものです。会社の電話は特に若手が受けることが多いので、新人はいまのうちに基本をマスターしておきましょう。

こんな例はＮＧ！

あ、もしもーーし！

あー あ…

矢羽：は〜い、もしも〜し。
部長：おいおい、なんて電話の受け方しているんだ！

電話を受ける正しい表現

good!

**はい、
株式会社○○でございます**

ポイント 先方が正しい電話先にかけているのかわかるように、しっかりと社名を名乗って電話を受けるのが鉄則です。その時、注意したいのが、さわやかな声ではきはきと対応すること。そうすれば、会社の印象も自ずとＵＰします！

見られていないからといって、だらしない姿勢で電話をするのはＮＧ。態度は声に表れます。

電話を受ける そのほかの表現

電話の対応は、会社のイメージにつながります。
さわやかに、電話の相手への配慮を欠かさないように対応しましょう。

■相手が名乗ったとき

✖ あ〜どうも〜！

good! **お世話になっております**

ポイント 定型文だからこそ、丁寧に心を込めて。相手には見えなくても、笑顔で対応したり、お辞儀をしたりすることで不思議と相手に気持ちが伝わります。

■指名相手が自分だったとき

✖ 私ですけど？

good! **はい、私が○○でございます**

ポイント 指名相手が自分だった場合は、名前を復唱すると親切です。電話を取ったときと変わらない受け答えの態度で、裏表がないことをアピールしましょう。

■自分では判断できない内容のとき

✖ えーと、えーと…

good! **後ほど担当の者から
ご連絡させていただきます**

ポイント 迷っている様子が相手に伝わると、信頼がゆらぐ可能性も……。自分で判断できない場合には、ひとまず電話を切ってから担当者に相談しましょう。

■取り次がれた電話に出るとき

✖ もしもし、○○です

good! **お電話代わりました。○○でございます**

ポイント 取り次がれた電話でも自分の名前をはじめに告げましょう。また、電話を保留にして待たせるのは、30秒が限度。超えてしまった場合はひと言お詫びを。

電話＆
メールでの
敬語②

聞き取りづらいとき

電話で相手の声が聞きづらかったり、わかりにくい単語が出てきたときは要注意です。相手に失礼だからと、あやふやなまま話を進めてしまうと、後で大きなミスにつながる可能性も……？

こんな例はNG！

湯鳥：部長、「なんとかさん」からお電話で〜す。
部長：え、誰からだって??

電話で確認する正しい表現

good!

申し訳ございません。お電話が遠いようなのですが…

ポイント 電話の声が聞き取りづらい原因には、さまざまなケースが考えられます。たとえ相手に原因がありそうな場合であっても、電話機のせいにすれば、先方の心象を悪くする心配はありません。

2回までは正直に聞き返してOK。それ以上は相手を不快にさせないような工夫をしましょう。

電話で確認する そのほかの表現

直接顔を合わせない電話対応では、相手の話をしっかり確認することも重要です。
仕事で使える電話対応の確認フレーズをまとめました。

■内容を聞き取れなかったとき

✖ え？ なんておっしゃいましたか？

good! **申し訳ありませんが、もう一度お願いいたします**

ポイント 聞き返す場合は、手間をとらせたことを謝る言葉を添えて、もう一度説明してくれるようにお願いしましょう。

■日にちを確認するとき

✖ △日ですね。承知しました

good! **では、○月△日□曜日×時でよろしいでしょうか？**

ポイント 日にちは、曜日と時間までをしっかり確認。1（いち）、7（しち）のように音が似ている数字は、7時（ななじ）、19時のように言い方を工夫しましょう。

■相手の名前を確認するとき

✖ ○○さんですね。承知しました

good! **○○様のお名前の、漢字表記をお教えいただけますでしょうか？**

ポイント 相手の名前の漢字の書き方をしっかり聞いておけば、あとでメールを送るときに困りません。自分の名前の漢字も説明できるようにしておきましょう。

■アルファベットを確認するとき

✖ すみません、Bですか？ Vですか？

good! **メールアドレスの最初のBはBoyのBでよろしいでしょうか？**

ポイント メールアドレスを聞くときなどは、アルファベットの聞き間違いに注意。BならBoy、VならVictoryなど、簡単な単語を例に挙げて確認しましょう。

電話&メールでの敬語③

電話をかける

ビジネスの現場では、電話をかけて、直接相手に用件を伝えたほうがスムーズな場面がたくさんあります。相手を困らせたり不愉快な思いをさせたりしないように基本を確認しましょう。

こんな例はNG！

矢羽：あ、○○さん？　お世話になっております～。
先輩社員：おいおい、まずは自分からちゃんと名乗って!!

電話をかける正しい表現

good!

株式会社○○の△△と申します

ポイント

電話をかけた相手が仕事で親しくしている人だと、ついつい名乗るのを忘れて用件を話しはじめてしまうことも……。どんな状況であっても、最初は正式な会社名と自分の名前を名乗るのが基本です。

電話を受けたほうも、相手に「誰ですか？」と聞くのは気が引けるもの。「電話をかける＝名乗る」を習慣づけましょう。

電話をかける そのほかの表現

まず自分の会社名と名前を名乗るのは、基本中のキホン！
また、取り次いでくれる人に対しての配慮も忘れずに。

■相手にかけ直すとき

✕ では、あとでかけ直します

good! **それでは後ほど、こちらからお電話させていただきます**

ポイント 「あとで」や「かけなおす」も間違いではありませんが、より丁寧な言葉を選ぶと◎。声だけのやり取りだからこそ、印象に気をつけましょう。

■打合せなどで相手が席を外しているとき

✕ それでは、何時頃に電話をかけたらいいですか？

good! **何時頃、お電話を差し上げればよろしいでしょうか？**

ポイント 「×」の表現は問い詰めているようにも聞こえます。「かける」は「差し上げる」、「いい」は「よろしい」、「ですか」は「でしょうか」のほうが優しく聞こえます。

■折り返し電話してほしいとき

✕ 戻ったら電話するように言ってください

good! **お戻りになりましたらお電話をいただけるようにお伝え願えますでしょうか？**

ポイント かけ直すのが基本ですが、やむなく折り返しを頼むときには、「恐れ入りますが…」という姿勢で。「○○の件で」と付け加えると用件がわかるので親切です。

■携帯電話にかけるとき

✕ ～さんですか？ ○○の案件ですが…

good! **～様のお電話でしょうか、ただいまお時間よろしいでしょうか？**

ポイント 「外出先まで申し訳ございません」「お時間よろしいでしょうか？」と相手の状況を確認し、「○○の件でお電話を差し上げました」と簡潔に用件を説明します。

電話＆
メールでの
敬語④

対応に困ったとき

相手と直接顔を合わせることができない電話だからこそ、イレギュラーな事態にどう対処するかがポイントになります。スマートに解決することができれば、まわりの評価もUPします。

こんな例はNG！

顧客：おたくの商品サイアクよ！
片杉：は⁉ それはどういう意味ですか⁉

苦情を受ける正しい表現

good!

それは○○ということでよろしいですか？

ポイント

クレームを受けたときには、先方の言い分にすぐに反論するのではなく、相手と一緒にひとつひとつ問題を確認していく冷静な姿勢が大切です。何度も相手に説明させるような行為は、火に油を注ぐことになるのでNGです。

困ったシチュエーションほど言葉選びを慎重に。ささいなひと言が、関係悪化の原因にもなります。

電話で対応に困った そのほかの表現

クレームなどの、相手が興奮している状態のときこそ丁寧な言葉選びを。
会社と直接関係がない相手にも、敬意を示すことが大切です。

■間違い電話だったとき

✕ 番号が間違ってますよ

good!

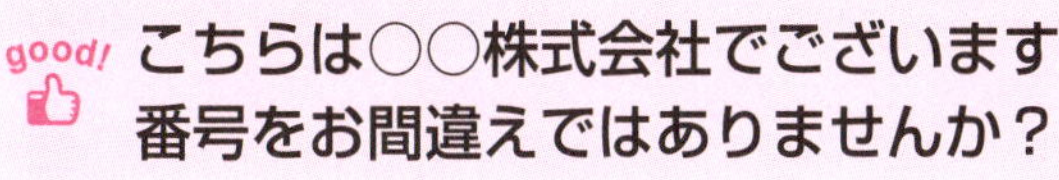

こちらは○○株式会社でございます
番号をお間違えではありませんか？

ポイント たとえ間違い電話でも、ぞんざいに対応してしまうと、会社のイメージダウンにつながることも。どんな場合でも隔てなく丁寧な対応を心がけましょう。

■相手が名乗らないとき

✕ すみません、どちらさまでしょうか？

good!

失礼ですが、お名前をお聞かせ願えますか？

ポイント 相手が名乗らないのは、うっかり忘れているだけの可能性もあります。名前を聞く際には、丁寧な口調で敬意を失わないようにしましょう。

■事情が把握しにくいとき

✕ どういうことですか？

good!

詳しくお聞かせ
願えますでしょうか？

ポイント 相手が混乱していたり、クレームなどで興奮しているときは、話をきちんと聞くことで落ちつく場合も。話を聞かせてもらうという、謙虚な姿勢を大切に。

■ほかの社員の携帯番号を聞かれたとき

✕ 携帯番号は教えられません

good!

○○に確認を取りまして、
こちらからご連絡させていただきます

ポイント 仕事上、必要な場合を除けば、同僚の携帯番号でも勝手に伝えないのが基本。本人から連絡をさせるか、もしくは本人に確認のうえで電話番号を伝えます。

電話を取り次ぐ

電話の主が指名する相手の状況によって、それを取り次ぐ人の対応はさまざま。その場に応じてスムーズな返答ができるように、基本的なパターンの対応例をここで押さえておきましょう！

こんな例はNG！

間地：はいはい、部長ですね。ちょっと待ってくださ〜い。
部長：ちょっとって……。家じゃないんだぞ。

電話を取り次ぐ正しい表現

good!
少々お待ちくださいませ

ポイント
「少々お待ちください」と「ただいまおつなぎいたします」は、ビジネスにおける電話対応の「基本のフレーズ」です。ビジネスでは電話の取り次ぎは丁寧に。プライベートでの電話対応とは違うことを肝に銘じておきましょう。

このひと言を添えるだけで、ぐんと丁寧さがUP！
普段使わない言葉だからこそ、新人のうちから使いこなせば一目置かれるかも？

電話を取り次ぐ そのほかの表現

指名された相手がいまどんな状況なのかを瞬時にチェック。
電話の主を待たせない心遣いが大切です。

■席を外しているとき

✖ いまいないんですが…

good! ○○はただいま席を外しております。
折り返しおかけ直しいたしましょうか？

ポイント 相手を電話口で待たせないように心がけるのがポイント。席を立っているなど、すぐに電話に出られない場合は、折り返す旨を伝えるのが基本です。

■外出しているとき

✖ いま出かけてます

good! ○○はただいま外出しておりまして、
△時に戻る予定です

ポイント 外出している旨を伝えるだけでなく、その人が何時に会社に戻ってくるのかまで説明できると親切です。

■ほかの電話に出ているとき

✖ いまは電話中です

good! あいにく他の電話に出ております

ポイント 「電話中」という表現は間違いではありませんが、事務的で冷たい印象があります。相手の表情が見えない電話では、より丁寧な表現を選びましょう。

■会社を休んでいるとき

✖ ○○は本日体調不良でお休みです

good! 申し訳ございません。○○は本日
休みを頂戴しております

ポイント 自分の会社の人には「お」はつけないのが基本です。休んでいる理由は、先方に伝える必要はありません。申し訳ない気持ちが伝わるように話しましょう。

メールをする

簡易な操作で多くの相手に情報を送れるメールですが、手軽だからこそ、うっかりミスが起こりがち。あとに残るものだから失礼のないように細心の注意を払って送信しましょう。

こんなメールはNG

件名：Re:Re:Re:Re:… NG! ①

ご担当各位様 NG! ②
こんにちは。 NG! ③
みなさん、先日のメールは拝見していただけましたでしょうか。 NG! ④
○○の件で、打ち合わせをお願いできたらと考えております。
6月10日に本社に行かせていただこうと思いますがよろしいでしょうか？ NG! ⑤

返事をください。 NG! ⑥

NG! ①

件名は具体的に

この場合「○○の件で打ち合わせのお願い」など、件名は具体的に、簡潔に書きましょう。内容が以前のメールとの関連性を失っている場合は、「Re:」を外しましょう。

NG! ②

敬称は正確に

各位には「みなさま」の意味があるので、「ご担当各位」だけで十分。会社名と名前を併記するときは「○○株式会社　○○様」のように記します。

NG! ③

適したあいさつを

相手がいつ読むかわからないメールには「おはようございます」「こんにちは」は用いません。本文の文頭の基本は「お世話になっております」でOK。

NG! ④ NG! ⑤

謙譲語と尊敬語に注意

「拝見する」は「見る」の謙譲語。相手の行動には尊敬語の「ご覧になる」を使い、「○○日にお送りしたメールはご覧いただいておりますでしょうか」が正解。「行く」の謙譲語「伺う」を使い、「本社にお伺いいたします」とします。

NG! ⑥

言い切り言葉に注意

「～してください」よりも、「ご返信いただければ幸いです」「ご返信いただけると助かります」といった言葉遣いのほうが相手に与える印象がやわらかくなります。

メールの基本ルール

ビジネスメールには基本のルールがあります。ここでおさらいしましょう。

■ メールを送るときのルール

【ルール その1】
長文を送らない

メールは適度に改行し、簡潔に。内容が複雑になる場合は事前に電話で用件を伝え、詳細をわかりやすく記載した資料を添付するなどの工夫をします。

【ルール その2】
急ぎの用件はＮＧ

送信しても、相手がすぐに読んでくれるとは限りません。至急の用件の場合は、電話を使いましょう。

【ルール その3】
添付データのサイズに注意！

資料を添付するとき、容量が大きすぎると受信できないことも。３ＭＢ以上のときは、ファイル転送サービスなどを用いましょう。

【ルール その4】
署名を入れる

メールの文面の最後に記載する送信者情報である「署名」は、メール版の名刺のようなもの。問い合わせにそなえて、簡潔に記載するようにしましょう。

■ メールでのあいさつの定型文

ビジネスメールの冒頭にくるあいさつには定型文があります。以下にまとめました。

- お世話になっております。
- ○○では大変お世話になり、ありがとうございました。
- 昨日は、貴重なお時間をいただきありがとうございました。
- 先日はご足労いただきまして、ありがとうございました。

■ メールでの結びの定型文

ビジネスメールを結ぶ言葉にも定型文があります。

- 今後ともなにとぞよろしくお願いいたします。
- ご不明な点がございましたら、いつでもお気軽にご連絡ください。
- お返事をお待ちいたしております。
- どうぞよろしくお願い申し上げます。

【印象アップ！】

タイミング、日時の表現

「ちょっと」「〜くらい」などの量を表す言葉や日にちを示す言葉も、仕事とプライベートで言い回しを使い分けできるようになりましょう。

■ 量・場所の表現

ちょっと→少々
【用例】少々お待ちください／少々遅れております

少ない→些少／上品
【用例】些少で恐縮ですが／上品な盛り付けですね（量が少ないとき）

大きな→多大な
【用例】多大な利益です／多大なるご協力をいただき

くらい→ほど
【用例】ここから20分ほどかかります／１キロほど先にあります

どっち→どちら
【用例】どちらになさいますか／どちらでも構いません

「あっち→あちら」、「そっち→そちら」と言い換えましょう。

■ 年・日にちの表現

今年→本年
【用例】本年度の売上は／本年から変更になりました

去年→昨年
【用例】昨年はお世話になりました／昨年から担当しております

今日→本日
【用例】本日はお足元の悪いなか／本日中に書類をお送りします

おととし→一昨年（いっさくねん）
【用例】一昨年との比較では／一昨年以来の快挙です

あさって→明後日（みょうごにち）
【用例】明後日にうかがいます／明後日までにお返事をください

このあいだ→先日
【用例】先日はありがとうございました／先日お願いした件ですが

明日以降→後日
【用例】後日ご連絡します／後日お届けに参ります

【第3章】

ビジネス・社外での敬語

社内の人間関係以上に丁寧な対応が求められる、社外の人とのコミュニケーション。どこへ行っても恥ずかしくない正しい敬語マナーを身につけましょう。

ビジネス
社外での
敬語①

相手を訪問する

初対面の印象は、その後の関係を左右することもあります。相手先を訪問したときに失礼のないように、敬語のマナーを確認しておきましょう。誤った名刺交換のやり方をしていませんか？

こんな例はＮＧ！

取引先：失礼ですが、どちらさまですか？
間地：はい！ 私、こういう者です！

名刺を渡す 正しい表現

good!

はじめまして。わたくし、○○社の○○と申します

ポイント

名刺に社名や名前が書いてあるからといって、初対面の人と名刺交換をするときに名乗らないのはＮＧ。名前によっては、読み方が難しいこともあります。相手の目をきちんと見て、「はじめまして」と言い、「社名＋名前」を告げましょう。

名刺をもらったときは、「いただく」の謙譲語「頂戴します」を使いましょう。名刺交換の際に頻繁に用いられる言葉です。

訪問する そのほかの表現

相手先を訪問したときには、決まったあいさつ表現がいくつかあります。
ビジネスの現場でよく使われるものをまとめました。

■受付で取り次いでもらうとき

✕ 10時から○○さんとアポを取っている□□ですが…

good! **10時から○○さんとお約束しております、△△社の□□と申します**

ポイント 「アポ」などの略語は使わず、「お約束しております」を用います。名乗るときには「申します」と言うと丁寧な印象になります。

■遅刻してしまったとき

✕ すみません！ 遅くなりました！

good! **申し訳ございません、遅れてしまいご迷惑をおかけいたしました**

ポイント やむを得ずに遅刻してしまったときは「申し訳ございません」と丁寧に謝りましょう。すぐに言い訳はせず、事情があれば簡潔に説明します。

■同行した上司を紹介するとき

✕ うちの会社の○○部長です

good! **弊社の部長の○○でございます**

ポイント 社内では尊敬語を使っている部長であっても、社外では「部長の○○」と呼び捨てにしましょう。「うちの会社」ではなく、「弊社」「私ども」と言います。

■打ち合わせを切り上げたいとき

✕ ではそろそろ…

good! **大変申し訳ないのですが、次の約束がございまして…**

ポイント 「お話は尽きませんが…」も辞去のきっかけフレーズ。「貴重なお時間をありがとうございました」は相手と別れるときに使う感謝の言葉です。

知っておきたい!

会話のきっかけづくり

ビジネスシーンの雰囲気を和らげる適度な雑談。しかし何を話せばいいのかわからないという人も多いはず。会話のきっかけのつくり方を見てみましょう。

■ 会話を始める7つの糸口

会話のきっかけは、わかる人にしかわからないマニアックな話題ではなく、相手が返しやすい内容を選ぶことが大切。万人に受け入れてもらえるテーマが次の7つです。

①天気に関する話題

「毎日暑い日が続きますね。暑いのはお得意なほうですか？」

[ポイント] 相手が暑いのが得意なら「うらやましいですね」とつなげましょう。逆に苦手なら「暑さをしのげる方法はないでしょうか？」と暑さ対策の話題などに広げるのも◎。

②ニュースに関する話題

「朝のテレビで桜が5分咲きと聞きました。お花見のご予定はありますか？」

[ポイント]「今までどこの桜がいちばん印象に残っています？」「○○さんのおすすめの花見スポットはどこですか？」などと質問してもOKです。

③流行に関する話題

「先日、話題のスイーツ『○○』を食べました。スイーツはお好きですか？」

[ポイント] 相手の年齢を考慮し、年代に合った流行モノを選択すると話題も弾みます。本や映画の話題はどの年代にも共通しているのでおすすめ！

④グルメに関する話題

「最近、新しい
カレー屋を見つけました。
カレーはお好きですか？」

[ポイント] 相手が興味を示したら「グルメな○○さんおすすめのお店を教えてください」と相手を少し持ち上げた言い方をして質問をするのもグッド。

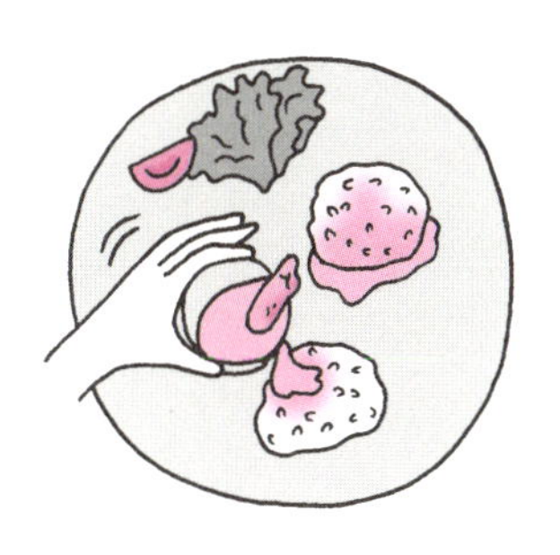

⑤旅行に関する話題

「今年の夏はどこかに
お出かけになりましたか？」

[ポイント]「出かけていない」と答えたら、「私は○○へ行きました。おいでになったことはありますか？」と過去の経験をたずねましょう。

⑥スポーツ・健康に関する話題

「最近、
ジョギングを始めたんですが、
なかなか続かなくて…」

[ポイント] 誰もが関心のある健康の話題。「何か運動されていますか？」「気をつけていることってありますか？」などとたずねてみるのも話が盛り上がるはずです。

⑦住まいに関する話題

「○○線がすごく
混んでいましたね。
どちらにお住まいですか？」

[ポイント] 通勤の話題から相手の住まいをたずねましょう。ただし、このあとはあまり深入りしないように。家族構成は、人によっては聞かれたくないこともあります。

ビジネス社外での敬語②

来客への対応

ちょっとした言い回しの違いでも、相手の受ける印象は大きく変わります。わざわざ足を運んでいただいたのに失礼なことを言って相手の気分を害すことのないように気をつけましょう。

こんな例はＮＧ！

営業マン：失礼します。先日の案件の打ち合わせに参りました。
湯島：あら、わざわざ来てもらってすみませ〜ん！

来客への正しい表現

good!

お越しいただき、ありがとうございます

ポイント

「すみません」は便利な言葉でつい使いがちですが、自社に来ていただいたときはお礼を述べたほうが好印象です。「ご足労いただきありがとうございます」にプラスして「お待ちしておりました！」と付け加えるとさらに好印象です。

約束がなく、名指し人がいない際に改めて来訪を請うときは「申し訳ございませんが、日を改めてお越しいただけないでしょうか」と伝えます。

来客に対応する そのほかの表現

来客への対応は、会社の印象を左右する重要な場面。
正しい言い回しで、よい印象を与えられるように心がけましょう。

■用件を聞くとき

✖ どんな用事でしょうか？

good! **恐れ入りますが、どのようなご用件でしょうか？**

ポイント NG例だと、相手を責めているような印象も。「どのようなご用件でしょうか？」と丁寧にたずねましょう。「恐れ入りますが」も添えるほうが望ましいです。

■担当が来るまで待ってもらうとき

✖ ○○部長ですね、ちょっとお待ちください

good! **部長の○○ですね、少々お待ちください**

ポイント 社外の人に対しては「○○部長」と役職をつけたりせずに呼び捨てにします。ビジネスでは「ちょっと」ではなく「少々」を用います。

■着席をうながすとき

✖ 座って待っててください

good! **こちらにおかけになってお待ちいただけますか？**

ポイント 「座って」ではなく「おかけになる」という尊敬語を使います。「～してください」より「～していただけますか？」と疑問形で伝えたほうがやわらかい印象に。

■見送るとき

✖ 今日はご苦労さまでした

good! **本日はお忙しいところを、ご足労いただきましてありがとうございました**

ポイント 目上の人には「お運びいただきまして」「おいでいただきまして」などのフレーズも。「貴重なお話をありがとうございました」とつけ加えると丁寧な印象に。

使える！

笑いを交えた 雑談のテクニック

ユーモアは、会話を盛り上げるための必需品。笑いを適度に盛り込めば、相手との心の距離を縮めて、良好な人間関係を築くことができます。

■ 初対面、親しくない人に…

【雑談テク その1】

話に臨場感を出す

話の登場人物の言い回しを真似したり、「がちゃん」「きらきら」などの擬音語や擬態語を織り交ぜると、臨場感が生まれるためおもしろく聞こえます。

【雑談テク その2】

共感できるネタを選ぶ

たとえば、ペットに全く興味のない人に飼い犬の可愛さを語っても、聞き手はそれほどおもしろくありません。話のネタに共感できることが大切です。

【雑談テク その3】

ウケたら、繰り返す

笑いを呼んだネタがあったときは、しばらく経ってから再度繰り返しましょう。わかっているけど「クスっ」と笑ってしまいます。

【雑談テク その4】

おおげさに言う

「感動しすぎて震えが止まらない」「すごすぎです、ノーベル賞取れますよ」など、ちょっとしたことでも大げさに表現すると「そんなわけないじゃん」と笑いが生まれます。

【雑談テク その5】

ほめ言葉にはユーモアで

「モテるでしょう」と言われたら「モテモテで、すいません～ん」などとおどけたり、「おしゃれですね」と言われたら「この服、お気に入りだから週5で着てます」と返すなど、ほめられたら否定せずにユーモアで応じるのも手です。

■ 親しい関係の相手に…

【雑談テク その1】
キャラをいじる

お酒好きの人と喫茶店にいったら「ビールでいい？」などと言ってみたり、恐妻家の人に「奥さんへのお土産はいいの？」などと言ってみるなど、その人のキャラクターに合ったいじりをすると場が盛り上がります。

【雑談テク その2】
自分のキャラを裏切る

よく遅刻する人なら「遅刻する人の気持ちがわからない」と言うなど、「うそばっかり」と突っ込まずにいられないような発言をすると会話も弾みます。

【雑談テク その3】
おどけて場を和ませる

親しい間柄だと、つい気を抜いてしまうことも。「話、聞いてる？」などと言われたら、明るく「もちろん、聞いてるよ。でももう一回お願い」などとおどければ、場が和やかになります。

【雑談テク その4】
言葉と行動を逆にする

「楽しそうだね」と言われたら、満面の笑顔で「超不機嫌だよ」などと返すなど、言葉と態度をあえて逆に表現してみるとおかしみが生まれます。

■ おもしろい話をするときのコツ

どんなにおもしろい話でも、話し方を間違えると思ったほどウケないことも。笑いながら「この前おかしかったんだけど」と言い始めると、相手に必要以上に期待させてしまいます。おもしろいことを話すときはポーカーフェイスを徹底し、「些細な出来事」程度のトーンで話しましょう。

ビジネス社外での敬語③

謝罪する（社外編）

真摯に謝罪をすることで問題が解決することもあれば、相手の怒りを買い、その後の関係に悪影響を及ぼすこともあります。36ページの「謝罪する（社内編）」とあわせて確認しましょう。

こんな例はNG！

湯鳥：ごめんなさい！ 本当に反省しています！
取引先：反省しているのはわかったけど、対応はどうするの？

正しい謝罪の表現

good! 大変ご迷惑をおかけしました 深くお詫び申し上げます

ポイント

謝るときには頭を深く下げ、「以後、気をつけます」と謝罪の言葉でしめくくります。軽度の謝罪の際は「申し訳ありませんでした」でもOKですが、「深くお詫び申し上げます」のほうがより丁寧な表現です。

謝罪をする際は態度やしぐさも重要です。電話口でもお辞儀をするなど、お詫びの気持ちを態度で表しましょう。その姿勢は声でも伝わっています。

謝罪する そのほかの表現

謝罪をするときは、素早く対応するのが鉄則。一刻も早く状況を確認し、上司の指示を仰いで適切な対応をします。

■仕事の依頼を断るとき

✕ またいい案件があったら、声をかけてください

good! **物理的に難しいようで、残念ながらお引き受けいたしかねます**

ポイント 「またいい」という表現は、今回はいい案件ではなかったと聞こえかねません。「物理的に」と付け加えると、引き受けるのは嫌ではないという意味が出て◎。

■連絡が遅くなったとき

✕ ここ最近、仕事がバタバタしておりまして…

good! **このところ立て込んでおりまして、ご連絡遅くなり申し訳ございません**

ポイント 「バタバタして」はくだけすぎているためビジネスにはＮＧ。「大変ご迷惑おかけしまして」などの言葉を付け加えて相手に謝ります。

■配慮が足りなかったとき

✕ ちゃんとお伝えしたつもりでしたが…

good! **配慮が行き届かず、失礼いたしました**

ポイント 自分では気づかない部分で、相手に迷惑をかけているかもしれません。「行き届かず」「いたらず」と、自分に責任があると認め、謝罪しましょう。

■部下のミスに対して

✕ この度は○○が失礼しました

good! **この度の○○の件、ご迷惑をおかけして申し訳ございません**

ポイント 部下のミスは、上司の指導不足でもあります。他人のミスであっても、会社の代表として謝罪しましょう。何に対して謝っているのかも具体的に示します。

知っておきたい！

怒りをしずめるひと言

ミスをしたり、クレームがきたりした際に相手の怒りをいかにしずめるかも、社会人には必要なスキル。そんなときに有効なフレーズを押さえておきましょう。

■ 場面別使えるフレーズ

【怒りをしずめるひと言①】

「おっしゃることはごもっともです」

ただ返事をするよりも、「おっしゃることはごもっともです」としたほうが相手の主張を理解して、反省している印象が出ます。返事の中にたまに織り交ぜて使うと自然です。

【怒りをしずめるひと言②】

「急いで飛んで参りました！」

何らかのトラブルが発生し、現場に到着した際などに有効な一言です。ピンチのときにのんびり現れるのは、禁物。とにかく一生懸命な様子が相手に伝わるように心がけましょう。

【怒りをしずめるひと言③】

「ご注意いただきありがとうございます」

誰かを叱るというのは、エネルギーを使うだけでなく、自分自身も嫌な気持ちになるものです。怒られたときは、相手がわざわざ叱ってくれたと思い、「ありがとうございます」と感謝の気持ちを素直に伝えます。反論する際もこの一言があるだけで、印象ががらりと変わります。

【怒りをしずめるひと言④】

「今後はこのような不手際のないようにします」

謝罪したうえで、反省をふまえた今後の対応まで伝える必要があるときに使える表現。小さな失敗には使えますが、大失敗には使うことはできません。

【怒りをしずめるひと言⑤】

「早急に原因を究明いたします」

起こってしまったトラブルの原因がわからないと、相手も取引を持続していいか悩むもの。一刻も早い原因究明が今後のビジネスの鍵となります。

【怒りをしずめるひと言⑥】

「猛省しております」

「猛省（もうせい）」は、「反省」よりもさらに強い表現。文面で詫びるときなどに使うと、深く反省していることが効果的に伝わります。

【こんなときどうする？】

相手が感情的になっているときは…

怒りにまかせて相手が感情的になっているときは、反論したりせずじっと我慢して相手の話を聞きましょう。このとき、体をやや前に傾け、手を体の前でそろえ、あいづちを打ちながら話を聞くと、真摯に受け止めている印象が出ます。上司に引き継ぐときには、相手に二度説明させないように。何度も説明をさせたり、たらい回しにすると、事態を悪化させます。冷静に対応することが今後もよい関係を築けるかどうかの鍵です。

叱責を受けるときの正しい姿勢

ビジネス社外での敬語④

要求を断る

断るときにも、相手を不快にさせない言い方を覚えておけば、気まずい空気になることはありません。断る際は、残念という気持ちや、誘ってくれたことに対する感謝の気持ちを添えて。

こんな例はNG！

取引先：この部分をもう少し変えてほしいんですが。
矢羽：いや〜、それはちょっとできませんね〜。

要求を断る 正しい表現

good!

それは残念ながら
お引き受けいたしかねます

ポイント

「できない」という言葉を直接使ってしまうと、人としてだけでなく会社としての信頼度も落とすことになってしまいます。要求を断る場合は、直接的な表現は避け、婉曲かつ丁寧に断るのがスマートです。

やんわりしつつも、
相手に「断っている」
ことがしっかり伝わる
のが大事です！

要求を断る そのほかの表現

要求を断るときは、断るという事実を伝える一方で、相手の気分を害さないようにすることがポイント。要求を断るときに使えるフレーズをまとめました。

■条件のよい要求を断るとき

✖ いい話なんですが…

good! ありがたいお話ではありますが…

ポイント 「そんな光栄な話を自分にくれた」ということに対する感謝の言葉として、「ありがたい」と添えると印象がアップ！

■断りの意思をやんわりと伝えたいとき

✖ ちょっとキビしいです

good! 今回は見送らせてください

ポイント 「キビしい」でもニュアンスは伝わりますが、「見送る」のほうが丁寧。女性は特にこちらの表現を使うほうがおすすめです。

■忙しさを理由に断るとき

✖ いまちょっと忙しくて…

good! 時期が時期だけに、今回は…

ポイント 忙しさを表立った理由にして断るのは、相手がムッとしてしまう可能性も。やむを得ず、「いま現在は」難しいということを伝えましょう。

■やむなく依頼を断るとき

✖ 受けたい気持ちはやまやまなんですが…

good! 不本意ではございますが…

不本意では
ございますが…

ポイント 上の文でも伝わりますが、下のほうがすっきりまとまっているうえに丁寧です。いずれにせよ、残念に思っている気持ちが伝わるニュアンスで。

ビジネス
社外での
敬語⑤

催促する

ビジネスの現場では、仕事を催促しなければならない場面があります。相手を不快にさせず、気持ちよく仕事をしてもらうには、どうすればいいのでしょうか。スマートな表現を見てみましょう。

こんな例はNG！

湯島：「○○の件、どうなってますか」っと、送信！
片杉：ええ!?　それで送るの！

仕事を催促する正しい表現

good!

○○の件、その後の状況はいかがでしょうか？

ポイント　直接内容を聞くよりも、「探る」程度のニュアンスで聞くとやわらかい印象になります。特にメールの場合は、記録として文面が残ります。普段からメールを打つ際の表現には注意しましょう。

文章だと、電話のように声のトーンまで伝わりません。相手がどう読むのか、意識してメールを打ちましょう！

催促する そのほかの表現

催促するときは、高圧的な言い方になってしまわないように注意。
謙虚な姿勢で、相手を気遣う表現を心がけましょう。

■相手を立てつつも催促したいとき

✕ すみませんが○○はいつ頃になりますか？

good! ○○がいつ頃になるか、
お知らせいただけましたら幸いです

ポイント 特に目上の人に対して催促しなければならない場合は、なるべくへりくだった表現を使うと◎。「ありがたい」など、プラスな印象の単語を使いましょう。

■メールなどの返信を催促するとき

✕ お返事いただけますでしょうか？

good! ご検討いただけました
でしょうか？

ポイント 「返事」という直接的な言葉を使わずに、催促の旨を伝えられるのが上級者です。恐縮しているニュアンスを盛り込むとポイントアップ。

■待っていることを相手に伝えたいとき

✕ ○○の件、お待ちしております！

good! ご多忙のところ、大変恐縮なのですが
○○の件いかがでしょうか？

ポイント こちらも直接「待っている」と言ってしまうとキツい印象に。相手が忙しいのは承知でお願いしていることをしっかり伝え、良好な関係性を保つ努力を。

■条件の厳しい催促をするとき

✕ なんとかお願いします！

good! 申し訳ございません。○○して
いただけると助かるのですが…

ポイント 納期を早めるなどの相手にとって負担のある催促の場合は、とにかく申し訳ない気持ちを伝えましょう。自分の都合で無理やりお願いするのはＮＧです。

ビジネス
社外での
敬語⑥

不満を伝える

ビジネスにおいても、相手が明らかに間違っているならば、きちんとその旨を伝えなければなりません。とはいえケンカになってしまうのはＮＧ。では、どんな言い方をしたらいいのでしょうか？

こんな例はＮＧ！

くまじゃなくて
うさぎって言った
じゃないですか！

イラッ

間地：何すか、これ！ うさぎだって言ったじゃないですか！
取引先：ミスしたのはこっちだけど、なんかムカつく……。

不満を伝える正しい表現

good!
～とお願いしたはずですが…

ポイント
「言ったはず」などと直接的に表現すると、相手にどうしても悪い印象を与えてしまいます。そんなときは「申し上げたはず」や「お願いしたはず」とへりくだった表現を使うことで、感情的な印象を与えるのを防ぐことができます。

自分が言われたら嫌なことは、相手も同じ。感情的にならずに、要点を伝えよう。

不満を伝える そのほかの表現

不満を伝える際は、真っ向からの反論は避け、まずは冷静に状況を把握。
そのあとに、自分の意見を感情的にならないように伝えましょう。

■前置きを入れるとき

✕ もう〜していただいていますか？

good! もしかしたら、
私の勘違いかもしれませんが…

ポイント 前置きとして「勘違い」や「手違い」、「誤解」など自分の非のように言うと品よく聞こえます。そのあとに問題点を指摘しても角が立ちにくい印象に。

■相手のミスで被害を受けた

✕ みんな大変迷惑していますよ

good! 申し上げにくいのですが、
大変困惑いたしております

ポイント 「迷惑」を「困惑」に変えるだけで、相手を責めている印象がずいぶん和らぎます。「みんな」などと付け加えて、大人数で責める表現はＮＧ。

■相手の言い分に同意できないとき

✕ それはおかしいと思います！

good! おっしゃることはよくわかりますが…

ポイント 相手の非を直接指摘するのは避けましょう。冷静に、相手を傷つけない言い方が大事。ほかには「納得いたしかねます」「受け入れがたい内容です」も◎。

■予定と話が違っているとき

✕ 話が違うんじゃないですか？

good! お約束と違うようですが…

ポイント 「お約束」などと根拠を述べれば、客観的な意見であることが強調できます。「〜のようですが」といった婉曲表現も相手が聞き入れやすくなるので効果大。

使える！

あいづち活用法

ビジネスの現場では聞き手にまわることも多くあります。
気の利いたあいづちで、周囲の評価をアップさせましょう！

■ 話を引き出すあいづち

あいづちは会話をスムーズに進めるための大切な道具です。
会話の文脈に合ったあいづちを用いて、話をどんどん引き出しましょう。

【話を引き出すあいづち①】

と、おっしゃいますと

相手から次の会話を引き出すひと言。この言葉があると、相手も話しやすくなります。

【話を聞き出すあいづち②】

なるほど！

あいづちの定番。適当に言うと逆効果なので、心を込めて。

【話を聞き出すあいづち③】

それは◯◯ですね

話に対して短い感想を挟むことで、会話のテンポが良くなります。

【話を引き出すあいづち④】

それから どうしたのですか？

相手の話に惹きつけられていることをアピールするときに使いましょう。

【話を引き出すあいづち⑤】

いいことを 教えていただきました

知っていても、知らなかったふりをして相手を立てることができるフレーズ。

【話を引き出すあいづち⑥】

なぜですか？ どうしてですか？

疑問を投げかけることで相手の話の内容を掘り下げます。適度なタイミングで活用して、会話を発展させましょう。

【こんなときどうする？】

話したくないテーマを振られたら？

会話の流れから、個人的にあまり触れてほしくないテーマの話になってしまうことがあります。そんなときは、過剰に反応せず、軽くうなずく程度で次の話題に変えてしまいましょう。

■ 共感が伝わるあいづち

会話の中では、共感や同情といった姿勢を求められることがあります。
あいづちはそれらの感情を伝えるときにも有効に働いてくれます。

【共感が伝わるあいづち①】

お察しします

相手が不幸な目に遭ったときなどに、同情の気持ちを込めて使います。

【共感が伝わるあいづち②】

まったくです

相手の話に強く同感していることが伝わるあいづちです。

【共感が伝わるあいづち③】

たしかに○○ですね

具体的なフレーズを入れることで、共感していることが伝わりやすくなります。

【共感が伝わるあいづち④】

それはとても○○でしたね

相手の身に起きたことを振り返って共感・同情するときなどに使います。

■ 自慢話へのあいづち

コミュニケーションで意外と困るのが、自慢話に対する対応。
そこでもあいづちを活用することで、相手に好ましい印象を与えることができます。

【自慢話へのあいづち①】

それはよかったですね！

楽しかった話やうれしかった話、成功した話などを聞くときに、共感を示すあいづちです。

【自慢話へのあいづち②】

うらやましいかぎりです！

多用すると卑屈な印象を与えてしまいますが、相手の「これぞ」という自慢話には有効です。

【自慢話へのあいづち③】

それはすごいですね！

自慢話をするのは、誰かにほめてほしい思いがあるから。その気持ちに素直に応えましょう。

【自慢話へのあいづち④】

さすがです！

相手への敬意が直接伝わる定番のあいづち。目上の人との会話で。

【自慢話へのあいづち⑤】

それは何よりです

身内の幸せエピソードなどに対するあいづちに有効です。

押さえておきたい

取引先の心をつかむ言葉

美しい言葉遣いは、ときに深く印象に残ることがあります。
基本のフレーズを覚えて、社外の人に好印象を与えられるようになりましょう。

■ 場面別、取引先の心をつかむ言葉

■ 伝言をうけたまわったとき

good!

申し伝えます

社外の方から社内の人へ伝言を承るときに使います。電話口で、「○○が戻ったらお電話があったことを申し伝えておきます」などと使用します。

■ お願いするとき

ご都合のよいときで結構ですので…

お願いするときは、「お手すきの際に～」「お時間のあるときに～」など相手に時間を取ってもらうタイミングに配慮した言葉を前置きとして使用します。

■ 感謝の意を示すとき

good!

ひとかたならぬご支援を賜り
ありがとうございます

「ひとかたならぬ」とは、「並々ならぬ」という意味。手紙やメールの文頭のあいさつや、年賀状や退職のあいさつなどあらゆるシーンで使用できます。

■ 要求を断るとき

誠に申し訳ないのですが、
お引き受けいたしかねます

「お引き受けしたいのはやまやまなのですが…」、「なにとぞおくみとりください」など無理な要求を婉曲に断る表現も。譲歩案を出すなどの誠意も見せましょう。

■ 事情を推し量ってほしいとき

内情をおくみとりください

不本意ながら断らなければならないことが生じたとき、「自分の意思とは関係なくやむを得ない事情があるのだ」という意味を込めてこのように表現します。

■ お礼やあいさつが遅れたとき

遅ればせながら〜

お礼やあいさつをするタイミングが遅れたとき、「遅ればせながら」とつけ加えることで誠実な印象を相手に与えることができます。

■ 重ねてお礼やお詫びの言葉を言いたいとき

幾重にもお礼申し上げます

「先日はご足労いただきありがとうございました。また、貴重なご意見をいただき幾重にもお礼申し上げます」などのように、何度もお礼を言いたいときに使用します。

■ 最上の喜びを表現したいとき

このうえない喜びです

「このうえない充実感」など自分のことを表す言葉のほかに、相手先の製品や人物に対して「このうえない商品」「このうえないご適任者」などと使うこともできます。

【こんなときどうする？】商談で手ごたえがなかったとき

「お話を聞いていただけただけでも光栄です」

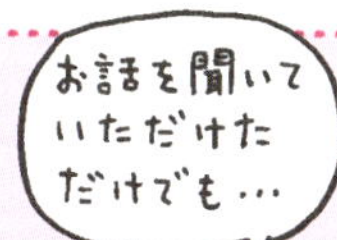

営業先などで手ごたえがなかったときでも、食い下がったり、不遜な態度をとるのはＮＧ。のちにプラスに転じることもあるので、最後まで謙虚な姿勢をくずさないようにしたいものです。「お話を聞いていただけただけでも光栄です」と笑顔で伝え、潔く引き下がりましょう。

知っておきたい!

接待のマナー

社内の飲み会では多少羽目を外すことが許されても、取引先との酒席だと話は別。相手に気持ちよく飲んでもらい、次の仕事につなげられるようにしましょう。

【ポイント1】

接待先で出迎える

「本日はお忙しいところお時間をいただきまして、ありがとうございます」と言って出迎えたあと「どうぞこちらへ」と上座に案内します。余裕を持って相手を出迎えることができるよう、集合場所には早めに到着しておくようにしましょう。

【ポイント2】

相手がグチを言い出した

接待先の相手がグチや悪口を言い出したら、あとで「賛同していたじゃないか」と問題になっても困るので、同意は避けながら静かに聞き役に回りましょう。自社に対する苦情であれば「申し訳ございません」と謝ります。深刻な問題であれば「後日、改めて謝罪に伺います」と伝えます。

【ポイント3】

精算時に…

支払いは、会計時に気を使わせないよう、お開きになる前に接待する側が済ませておきます。トイレに立つ振りをして、事前に精算しておくとスマートです。

【ポイント4】

見送るとき

タクシーを手配する場合は、相手を待たせないよう早めに準備します。帰り際は、改めてお礼を述べ、車が見えなくなるまで見送ります。

【ポイント5】

取引先との飲み会で泥酔した

朝起きて何も覚えていないほど飲みすぎた……。そんなときは、上司に報告してから先方に電話をして謝罪します。先方に失礼なことをしているようなら上司と共に面会し、誠意をもって謝りましょう。

知っておきたい！

お酒の席でこんなときは？

お酒の席では、普段は予期せぬ事態が発生しがち。
どんなときでも冷静に対処するのが、きちんとした大人のマナーです。

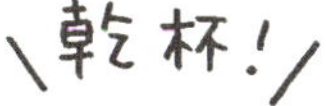

■ 乾杯のあいさつを頼まれた

乾杯の音頭を頼まれたら、謙遜しすぎずに「僭越ながら乾杯の音頭をとらせていただきます」と引き受けましょう。シチュエーションに合わせた話を手短にしたあと「乾杯！」とグラスを上げます。照れずに大きめの声で話しましょう。

■ 上司の説教が始まった

宴会で上司が説教をしても嫌な顔はしないこと。あいづちを打ちながら、誠実に聞きます。いい加減な態度で上司の話を聞き流すのは失礼です。「勉強になります」と感想を付け加えましょう。

■ 酔った上司や同僚・後輩をたしなめる

同僚・後輩の場合は「○○さんらしくない」、先輩の場合は「お体に障りますので…」と言えば、角を立てずにたしなめることができます。からまれそうなときには、「お水をお持ちしますね」などと席を離れる方法も。

■ 議論が白熱している

会社の宴会では、仕事に関して話が白熱することがあります。間に入って仲裁するときは、どちらの意見にも迎合せず、「ところで〜」と自ら話題を変えましょう。

■ 飲み会の翌日は…

上司におごってもらうのが当たり前の社風でも、飲み会の次の出勤日にはお金を出してくれた上司にきちんとお礼を言いましょう。また、酒席で話をした人には、「ご一緒できて楽しかったです」などとお礼を伝えましょう。飲み会の翌日こそ、早めの出社を心がけて！

【知っておきたい】

社外で取引先に会ったら

思わぬタイミングで取引先の関係者に遭遇したとき、無視をするわけにはいかないけれどどう振る舞えばいいのかわからない、という人もいるかもしれません。以下を参考にしましょう。

■ 商談後にクライアントと遭遇

「先ほどはありがとうございました」

繰り返しになっても、お礼の気持ちを伝えると好印象です。

■ プライベートで会った

「(笑顔で軽く会釈)」

軽く会釈し、長話をしないのがマナー。相手が家族連れなら、家族に日頃のお礼を伝えるのも◎。

■ 急いでいるときに会った

「お先に失礼します！」

きちんと声をかければ、躊躇をせずに相手を追い越してOKです。

■ 相手の名前・顔が思い出せない

「お変わりありませんか？」

声をかけられたときは、差し支えのない会話を笑顔で。相手もこちらの名前を覚えていないこともあるので、自分の名前をフルネームで名乗ると親切です。

■ 気まずい場面で遭遇

会釈だけ、もしくは「ひとつなかったことに」

目があったら会釈のみをするか、口外しないようにひと言添えましょう。

【第4章】

日常生活での敬語

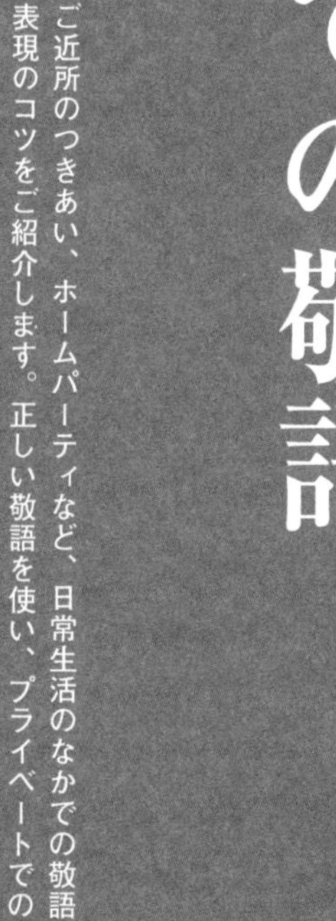

ご近所のつきあい、ホームパーティなど、日常生活のなかでの敬語表現のコツをご紹介します。正しい敬語を使い、プライベートでの人間関係を広げましょう。

日常生活での敬語①

ご近所づきあい

ご近所さんと出会ったときには、自らあいさつしたいもの。とはいえ、予期せぬタイミングで会ったときにどう声をかければいいのかわからない、という人もいるのではないでしょうか？

こんな例はNG！

矢羽：どうも！ どこ行くんですか！ 最近何してたんですか？
知人：ちょ、ちょっと……。

知人に会った 正しい表現

good!

お出かけですか？

ポイント

「どこに行くんですか？」と質問をされたら、相手は目的地を返答しないわけにはいきませんし、関係性によっては詮索されている……と受け取られることも。出かける様子の知人に会ったときは相手が答えやすい言葉をかけます。

お出かけですか、と声をかけ、「はい」と言われたら「お気をつけて」と見送りましょう。

ご近所づきあい そのほかの表現

偶然ご近所の人と会ったときはあまり詮索しすぎず、
ひとことふたことで答えられるような声がけをしましょう。

■知人に久しぶりに会ったとき

✕ 最近全然見ませんが、何してたんですか？

good! お久しぶりです。お変わりありませんか？

ポイント 「何をしてたんですか」と問われると不躾な印象で答えづらいもの。「お変わりありませんか」とたずねれば「元気でやっております」などと答えやすくなります。

■急いでいるときに話しかけられたとき

✕ ちょっといま急いでるんで…

good! 申し訳ありませんが、
待ち合わせをしておりまして…

ポイント 「約束の時間に遅れそう」など、第三者がいることを伝えれば、相手も引き止めにくくなります。

■立ち話のあとに別れるとき

✕ あ、もうこんな時間。じゃあ、また！

good! お引きとめして失礼いたしました

ポイント どちらが話しかけたとしても、別れるときは「お引きとめして申し訳ありません」と謝ります。「じゃあまた」よりも、「失礼します」を使うようにします。

■元気かどうかたずねられたとき

✕ 相変わらずですね

good! おかげさまで、
元気に過ごしております

ポイント 返答に「おかげさまで」のひとことを添えることで、謙虚な姿勢を示すことができます。ご近所づきあいを円滑にさせるひとことです。

男性と接するときのコツ

男性と接するときには、まず相手を少し立てるのがコツ。
年齢が近くても、関係性ができあがるまで様子を見るのがポイントです。

■ 男性と接する際の４つのポイント

1 小さな冗談でも笑ってあげる

相手が笑わせようとしてくれているのなら、ささいな冗談にも反応しましょう。楽しそうな笑顔をしていれば好感度がアップする可能性も。

2 グチに対する助言はＮＧ！

「がんばっているね」「すごいね」など、相手のプライドを傷つけないような心遣いを。活を入れてほしいわけではないので「しっかりしなよ」などはＮＧ。

3 同い年でも最初は敬語で

まだ関係が浅いうちは、敬語で接したほうが無難です。ある程度、打ち解けてきたところで、だんだんと敬語を崩していくようにしましょう。

4 他人の悪口は避ける

悪口や毒舌トークは女性同士では盛り上がりますが、相手が男性だと引かれてしまうおそれも……。不用意な発言は自分の評価を下げることになります。男性の前では他人の悪口は避けましょう。

女性と接するときのコツ

女性のなかには、同性への接し方のほうが難しいと感じる人もいるのでは？
でも、ちょっとした気遣いで、親密な関係性をつくることができます

■ 女性と接する際の4つのポイント

1 本音トークが基本

女性には、お世辞やたてまえがすぐに見破られてしまうこともしばしば。本音で話せば、信頼してつきあえる関係になれるかもしれません。

2 自慢話にならないように

「で？」と思いつつも、うわべでは「すごーい！」と反応しがちな女性士の自慢話。するとしても、前置きで「うれしいことがあってね」などと付け加えましょう。

3 声のトーンに注意する

女性の場合、話が盛り上がってくると、ついつい声量が大きくなってしまう人も多いはず。周囲の迷惑にならないためにも、意識して気を配りましょう。

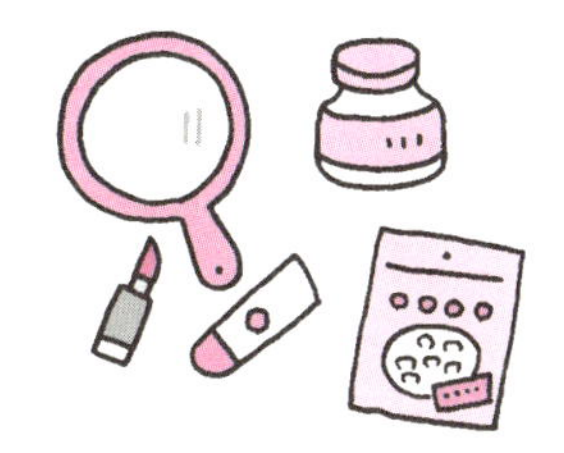

4 困ったら美容や健康ネタ

会話に詰まってしまったら、相手のネイルや服装などをほめたり、健康グッズやダイエットの話をしてみるなど、みんなが興味のある内容で様子を見てみましょう。

知っておきたい！

季節のあいさつ

近所の知人に会ったときは、「こんにちは」のあとに季節に関する話題をひとことつけ加えたいもの。役立つ季節のあいさつをまとめました。

1 春のあいさつ

・過ごしやすくなりましたね
・桜は来週には開花するようですよ
・お花見の予定はありますか　・いい陽気ですね

2 夏のあいさつ

・梅雨明けが待ち遠しいですね
・夏休みのご予定はいかがですか
・暑い日が続きますね　・お子様はもう夏休みですか

3 秋のあいさつ

・暑さが和らいできましたね
・秋の気配を感じますね　・急に涼しくなりましたね
・公園の葉が色づいてきましたね

4 冬のあいさつ

・今日は冷え込みますね
・寒い日が続きますね　・お正月はご実家ですか
・風邪が流行っているのでお気をつけください

「雨が続きますね」「夕方から晴れるみたいですよ」など、季節に関係なく使用できる天気の話題もあいさつに適しています！

ご近所さんとの

要注意！タブーな話題

近所の顔見知り程度の関係性であれば、あまりプライベートな質問は好まれないことも。会話のなかで気をつけたい話題を見てみましょう。

「おいくつですか？」

どうしても必要でない限り、年齢は聞かないのがマナー。なんとなく知りたいときは「干支は未で…」など、自分の年齢をほのめかして相手の反応をみましょう。

「年収はいくら？」

給与額や家賃、持ち家かどうかなど、お金のことは話題にしないように。「稼いでいらっしゃるんでしょうね」など、曖昧に答えられる範囲に留めましょう。

「学校はどちらだったんですか？」

学歴は、人によっては聞かれたくないことも。聞くなら「学生の頃はなにを？」と、答えやすいものにしましょう。

「結婚はいつするの？」

結婚をいつするかは人それぞれ。聞かれたくない人もいるので、安易な問いかけは注意！

「どちらにお勤めですか？」

いきなりダイレクトに勤務先を聞くのは失礼。「なに関係の仕事？」「どんな業界？」と聞くならOK。

「お子さんはいらっしゃるんですか？」

子どもはほしくてもできない人がいます。相手から話をしない限りは、こちらから家族構成などの話題に触れないようにしましょう。

「少し太りましたか？」

体型や服装など見た目に関するマイナスの発言はNG。ダイエットを公言している人でなければ、病気の可能性もあるので、やせたことに対する指摘も注意が必要です。

「お子さんは、どちらの学校へ？」

子どもの受験先や成績に関して、相手がその話題に触れない限りは、聞かないのがマナーです。

日常生活での敬語②

知人宅を訪問

上司や得意先などの家に招かれた場合、どのように振る舞えばいいのか困っている人も多いと思います。知人宅への訪問時にいい印象を与える振る舞い方を見てみましょう。

こんな例はNG！

あの～今日はどうも～…

あら～

はっきりせんか

もじもじ

間地：今日はお誘いいただいて……どうも……ボソボソ。
部長の妻：あら～（なんだか、元気のない子ね……）。

訪問時の正しい表現

good!

本日はお招きいただきありがとうございます

ポイント

「お招きいただき」というように感謝の理由を明確に伝え、語尾までしっかりと話しましょう。はきはきあいさつしたあとは、お辞儀も忘れずに。家にお邪魔するとはいえ、恐縮しすぎてしまうと相手に気づまりな思いをさせてしまいます。

上司の家庭を訪ねる場合などは、プライベートの振る舞いもきちんとしていると信頼度がＵＰ。家族に対しても上司を立てる姿勢を。

知人宅を訪ねるときのポイント

友人の家に遊びに行くのとはまた別。一連の流れを把握して、
いざというときにあわてないように準備しておきましょう！

■ お宅訪問の４つのポイント

❶ 玄関であいさつ

まずははっきりとした声であいさつを。また、約束なしで訪れたときは「ごあいさつだけでもと思いまして～」という定番フレーズが有効。

❷ 手みやげを渡す

「心ばかりですが」、「ささやかなものですが」などのほかに、「甘いものがお好きだと伺ったので」、「おいしいと評判なので」など、相手を思って選んだことが伝わるひと言を添えましょう。

❸ 先方の家族にもあいさつを

訪問相手の配偶者など目上の人には「初めまして」。幼い子どもなどには「こんにちは！」などとあいさつの言葉を使い分けられると上級者。

❹ 帰宅する

「そろそろおいとまいたします」が定番のひと言。そのほか、会話が途切れたタイミングで「もうこんな時間ですね」などと切り出すのも◎。最後にはもてなしに関する感謝の言葉も忘れずに。

知人宅を訪ねるときのコツ

ビジネスと同様にきちんとした振る舞いを心がけて。夏は裸足を避ける、冬はブーツではなく脱ぎやすい靴を選ぶなどの配慮をしましょう。

知っておきたい!

日常で使えるほめ言葉

的確なほめ言葉を言えるようになれば、好感度が上がるはず。
ほめるべきポイントを見つけたらすかさずほめるようにしましょう。

■家族を紹介された

【相手の家族をほめる表現①】

「お母様に似てべっぴんさん、将来が楽しみですね」

男の赤ちゃんには、「お父様に似てイケメンですね」と言い換えます。外見以外では、「利発そう」「かしこそう」などといったほめ言葉も。

【相手の家族をほめる表現②】

「かわいい！お人形さんみたいですね」

子どもの写真を見せられたときなどに使用できます。親はやっぱり自分の子は「かわいい」もの。女の子だけでなく、男の子にも使える言葉です。

【相手の家族をほめる表現③】

「活発でいらっしゃるんですね」

元気な子どもをほめるときの言葉です。多少やんちゃな子どもに対しても使用できます。

【相手の家族をほめる表現④】

「きちんとあいさつできるなんてお利口さんね」

「こんなに小さいのに、きちんとあいさつができるなんて～」としつけが行き届いていることを指摘することで、親とお子さんを同時にほめられます。

【相手の家族をほめる表現⑤】

「お似合いのカップルですね」

結婚したてのふたりに使えるほめ言葉です。本人たちにも、本人の両親にも使用できます。

【相手の家族をほめる表現⑥】

「素敵なご主人（奥様）ですね」

知人の配偶者とそれほど親しくないときには「一度お会いしましたが雰囲気があって素敵な旦那様ですね」などとほめましょう。

■ 家に招待された

【家や料理をほめる表現①】

「駅に近くて便利ですね」

新居に遊びに行ったときには建物そのものはもちろん、「便利さ」「閑静な住宅街」など立地のよさをほめると喜ばれます。

【家や料理をほめる表現②】

「センスがいいですね」

インテリアに凝った家に招かれたときは、センスのよさをほめましょう。「居心地がいい」というのもうれしい言葉です。

【家や料理をほめる表現③】

「料理がとってもお上手ですね」

ダイレクトにほめたほうがうれしいもの。「料理上手な奥様で、旦那さんがうらやましいです」「このお料理、どうやってつくるのですか？」などと続けましょう。

【家や料理をほめる表現④】

「手をつけるのがもったいないくらい」

見た目が凝っている料理を出してもらったときに、「盛り付けが素敵なお料理、手をつけるのがもったいないくらい」などと伝えると、その後の会話もはずみます。

■ 相手の趣味に対して

【趣味をほめる表現①】

「すてきなご趣味をお持ちですね」

自分の趣味を楽しそうに語る人に使える言葉です。プロ級の腕前を持つ人には「プロ顔負けですね」とほめましょう。

【趣味をほめる表現②】

「素人目にもすばらしい作品です」

家で絵画や書道などの作品を見せられたときは、「詳しくないのですが」と素人であることを謙遜したうえでほめましょう。

【趣味をほめる表現③】

「スポーツ万能でうらやましいです」

ゴルフにスキー、テニス、ダイビングなどスポーツ系の趣味を複数持つ人の場合は、スポーツ万能なところをほめましょう。

【趣味をほめる表現④】

「○○さんは多才ですね」

「登山に、俳句、写真撮影まで本格的」など複数の趣味を器用にこなす人へのほめ言葉。多趣味な人に使うと効果的です。

使える！

ネガティブなことを ポジティブに表す言葉

たとえネガティブな印象を抱いたとしても、表現の仕方ひとつで相手に与える印象をポジティブに転換することができます。代表例をおさらいしましょう。

■ヒトに対するポジティブ表現

・おとなしい→落ち着いた

× あの人、おとなしくて暗いね
○ あの人、落ち着いた雰囲気ですね

・わがまま→憎めない

× あの人はわがままですよね
○ あの人は憎めないお人柄です

・八方美人 →コミュニケーション能力が高い

× あの人って八方美人だから…
○ 誰とでも仲良くできる コミュニケーション能力がある人

・太っている→貫禄がある

× あそこにいるちょっと太っている人が○○さんです
○ あそこにいる貫禄のある男性が○○さんです

■モノに対するポジティブ表現

・安もの→リーズナブル

× 安ものの商品
○ リーズナブルな商品、お値打ち品

・地味な→シンプルな

× 地味なデザインだね
○ シンプルなデザインだね

・狭い→こぢんまりした

× 狭いお店ですね
○ 店内はこぢんまりしています

・つまらない→難しい

× つまらない映画だった
○ 私には難しい内容だった

知っておきたい!

角の立たない断り方

私生活で誘いを受けたとき、断りたいけれど気まずくて……などと
悩んだ経験はありませんか? 「上手な断り方」をシーン別に紹介します。

■ シーン別の効果的な断り方

【シーン その1】

食事・飲みの誘いを断る

誘ってくれたことにたいして「ありがとう」とお礼を伝えながら、先約や予定があることを理由にして「残念だけど…」の気持ちを添えて。

【シーン その2】

プレゼント・金品の贈与を断る

高価すぎるものなど、もらうと困る物の場合は「お気持ちだけで十分なので…」などとひと言添えて丁寧に断りましょう。相手が後に引けないような状況ならば、あえて受け取って、それ相応のモノをお返しするというのも大人です。

【シーン その3】

SNSの友達申請を断る

直接会ったことがないならば断わってOK。仕事関係ならプライベートなことを載せているので恥ずかしいなどと濁して断っても。「知らない人からの友達申請が多すぎて、紛れてしまったのか気がつかなかった」という言い訳も。

■ お誘いを断るときのポイント

【ポイント①】

断るなら謝らない

「ごめんなさい」などと謝ると気まずくなることも。「残念だけれど…」と相手の厚意を無にしない断り方を。

【ポイント②】

理由を使い分ける

「先約があって」「門限が…」「個人的なつきあいは仕事上…」など、相手が傷つかない理由を使い分けましょう。

【ポイント③】

代替案を出す

関係維持のためには、ただ断るだけでなく、「ランチなら…」など、別の提案をする気遣いも見せましょう。

日常生活での敬語③

自宅に知人を招く

おもてなしは、なかなか難しいもの。よかれと思ってしたことが、かえって相手の負担になることも。冠婚葬祭の振る舞いと合わせて、スマートな所作を確認しておきましょう。

こんな例はNG！

湯島：せっかくだから晩ご飯食べていきなよ〜。
矢羽：え、いや〜（このあと予定あるんだけどな）。

食事を振る舞う 正しい表現

good!

**もしお食事ご一緒できる
お時間があるようでしたら、
用意していますので…**

ポイント 訪問客をそのまま食事に誘うときは、「こちらの手間はかからないので…」と相手の負担にならないような誘い方で。事前に約束していなかった場合には、相手の予定を確認しましょう。

遠慮して断っているだけの場合もあるので、2回は誘いを繰り返して相手の反応をうかがってみましょう。

知人を自宅に招くときのポイント

招待される場合と流れは似ていますが、ポイントが少し違ってきます。
さりげない気遣いでおもてなし上手をめざしましょう！

■自宅でのおもてなし４つのポイント

❶ 相手を出迎える

「どうぞお上がりください」など、相手をエスコートするひと言を。コートや荷物がある場合は、「よろしければお預かりします」と添えると親切です。

❷ お茶などを出す

「冷たい飲み物と温かい飲み物、どちらがよろしいですか？」など相手の好みを尋ねると◎。相手から食べ物の手みやげをもらった場合は、相手もそのつもりで持ってきていることもありますので、「お持たせですがせっかくですので、一緒にいただきましょう」と優先してお茶菓子にします。

❸ 相手を見送る

「お構いもできませんで」という定番フレーズのほかに、日没後であれば「お足元にお気をつけて」など状況に応じたひと言を添えます。別れが名残惜しいことを伝えるのも上級テクニックです。

❹ 再びの訪問を促す

「またお立ち寄りください」など、再訪を促すひと言を添えると親密度がＵＰ。また、「さようなら」などの直接的な別れの表現は避けたほうが無難です。

知人を家に招待するときのコツ

エスコートしつつも、おもてなしの「押し付け」にならないバランスを。相手を気遣うさりげないひと言も大事。

結婚式でのひと言

結婚式は、おめでたいときだからこそ、気の利いたひと言を添えたいもの。
お祝いの気持ちが伝わる、キホンのフレーズをご紹介します。

■ 結婚式で使えるフレーズ

■ ご祝儀を渡すとき

**「このたびは
おめでとうございます」**

ご祝儀袋はそのままではなく、ふくさに包んで持っていきます。お祝いの言葉を述べたあと、「心ばかりのお祝いです。お収めください」と言って渡しましょう。

■ 新郎新婦の親族に会ったとき

**「○○さんの友人で△△と申します。
本日はおめでとうございます」**

自分の立場をきちんと説明して、お祝いの言葉を告げましょう。親族には手短に挨拶をして、会場には真ん中や人前を横切らずに壁に沿って自分の席へ。

■ 歓談時の会話

「素敵な演出ですよね」

同席した人との歓談がスムーズに進む気遣いを。式や会場をほめるほか、「○○さん（新郎または新婦）とはどのようなご関係ですか？」なども有効です。

■ 新郎新婦への言葉

**「おめでとうございます。
素晴らしい式（披露宴）でした。
末永くお幸せに！」**

お祝いの言葉のほかに、式や披露宴の感想も伝えると喜ばれます。さらに２人の幸せを祈るしめくくりのひと言を。

お通夜・告別式での振る舞い

葬儀の前に故人との別れを偲ぶお通夜。故人との親交の深さで、
お通夜と葬儀または告別式のどちらか、もしくは両方に参列します。

■ お悔やみの言葉は最小限に…

- 「このたびはご愁傷様でございます」
- 「このたびは突然のことでございました」

悲しみに沈んでいる遺族に対し、クドクドとお悔やみの言葉を述べるのは、かえって失礼になります。お悔やみの言葉は気持ちを込めて、最小限にしましょう。

【お通夜・告別式の服装は？】

通夜は急に駆けつけることが多いので、地味な平服で問題ありません。女性は真珠のネックレスと結婚指輪以外は外し、男性はネクタイを暗い色に変えます。葬儀や告別式では、ブラックスーツが基本。

■ ふくさの包み方

ふくさは、祝儀（しゅうぎ）袋や不祝儀（ぶしゅうぎ）袋を丁寧に扱うために使用します。
慶事と弔事では包み方が異なります。

・慶事（結婚式などお祝いごと）の包み方

① 
ふくさの左寄りに祝儀袋を置きます。

② 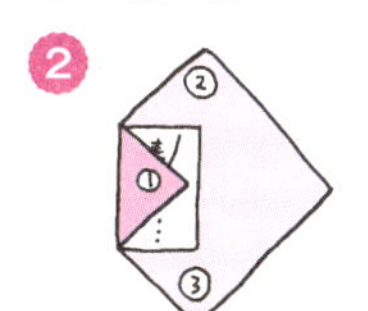
左側を折り、上、下の順番に重ねます。

③ 
右側をかぶせるように包みます。

・弔事（お通夜、告別式など）の包み方

① 
ふくさの右寄りの位置に不祝儀袋を置きます。

② 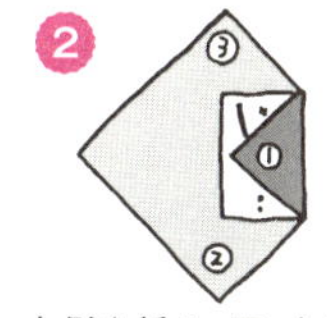
右側を折り、下、上の順番に重ねます。

③ 
左側をかぶせるように包みます。

【知っておきたい】

英語にも敬語がある!?

英語にも、日本語のように丁寧な表現があるって知っていましたか？何かをお願いするときは、ただ「Please」と付け足せばいいわけではありません。基本の表現をここでチェックしておきましょう。

■～していただけますか？

・Could you ～？

ex) Could you please check my proposal ?
私の企画書を確認していただけますか？

・Would you ～？

ex) Would you please turn in the report by tomorrow ?
明日までに報告書を提出していただけますか？

・Do you mind…ing ?

ex) Do you mind telling me where the conference room ?
会議室の場所を教えていただいてもよろしいでしょうか？

■～していただけるとありがたいです

・I'd appreciate it if…

ex) I' d appreciate it if you could show me how to use this machine.
この機械の使い方を教えていただけるとありがたいです。

・I'd be grateful if…

ex) I' d be grateful if you could reply as soon as possible.
早急にお返事いただけると幸いです。

■～してもいいですか？

・May I～？

ex) May I take a picture here ?
ここで写真を撮ってもいいですか？

「～したい」と、自分の希望を伝えるときには、「I want ～」よりも「I would like to ～」を使うほうがエレガントです。

監修者紹介

磯部らん（いそべ・らん）
マナー講師・唎酒師・文筆家。
大手運輸会社で長年勤務したのち、都内の研修会社に転職、その後独立。
自己啓発本の出版や雑誌でのコラム執筆、マナー講師として企業で研修を行い、テレビやラジオにも出演。日本酒と風呂敷包みなど和のマナーの講師や、国内外での利き酒会を通して日本酒を広げる活動もしている。
著書に『超入門　ビジネスマナー　上司が教えない気くばりルール』（すばる舎）、『好かれる人の秘密　マナー美人になりたいあなたへ』『夢がかなう人生の秘密』（グラフ社）、『なりたい自分になれる秘訣』（廣済堂出版）がある。
HP：http://www.isoberan.com/

参考文献

櫻井弘監修『大人なら知っておきたい　モノの言い方サクッとノート』（永岡書店）
鹿島しのぶ『敬語「そのまま使える」ハンドブック』（三笠書房）
澤野弘監修『使える！ 好かれる！ ものの言い方伝え方 マナーの便利帖』（学研パブリッシング）
直井みずほ監修『使える！伝わる！ 敬語と言葉づかい マナーの便利帖』（学研パブリッシング）
山岸弘子『すぐに使えて、きちんと伝わる　敬語サクッとノート』（永岡書店）
磯部らん『人から好かれる　話し方・しぐさ　基本とコツ』（西東社）
話題の達人倶楽部『できる大人のモノの言い方大全』（青春出版社）
トキオ・ナレッジ『「問題ありません」は上から目線！大人の敬語常識』（宝島社）
鶴野充茂監修『［図解］これで仕事がうまくいく！話し方・聞き方のビジネスマナーの基本ルール』（成美堂出版）
Gainer 編集部『大人のマナー集中講座』（光文社）

著者略歴
◎ミニマル
「食」「カルチャー」から「マナー」「教育」まで、さまざまなテーマのコンテンツ制作を行っている編集プロダクション。丸茂アンテナ、藤森優香、山越栞が取材・執筆を担当。

◎ BLOCKBUSTER（ブロックバスター）
デザイナー、イラストレーター、ライター、フォトグラファーなどで構成されたクリエイターチーム。書籍や雑誌記事、ウェブコンテンツの制作を手がけている。後藤亮平がイラストを担当。

イラストでよくわかる
敬語の使い方

平成27年11月19日　第1刷
平成28年12月20日　第4刷

著　　者　ミニマル＋BLOCKBUSTER

発 行 人　山田有司

発 行 所　株式会社　彩図社
東京都豊島区南大塚3-24-4
MTビル　〒170-0005
TEL：03-5985-8213　FAX：03-5985-8224

印 刷 所　新灯印刷株式会社

カバーデザイン　小澤尚美（NO DESIGN）

URL http://www.saiz.co.jp　Twitter https://twitter.com/saiz_sha

ISBN978-4-8013-0108-5 C0081
落丁・乱丁本は小社宛にお送りください。送料小社負担にて、お取り替えいたします。
定価はカバーに表示してあります。